JN439559

金貞義 수필집

노을빛에 익어가는 열매

노을빛에 익어가는 열매

金貞義 수필집

1판 1쇄 인쇄/ 2017년 9월 20일
1판 1쇄 발행/ 2017년 9월 25일

지은이 / 김 정 의
펴낸이 / 우 희 정
펴낸곳 / 도서출판 소소리

등록 / 제300-2007-21호
주소 03073 서울 종로구 성균관5길 39-16
전화 / 765-5663, 010-4265-5663
e-mail: sosori39@hanmail.net
www.sosori.net

값 12,000 원

*잘못된 책은 바꿔드립니다.

ISBN 979-11-5891-085-3 03810

노을빛에 익어가는 열매

김정의 수필집

책을 내면서

지난여름은 열정적으로 뜨거웠다. 그리고 가을은 또 이렇게 오고 있다.

2004년 첫 수필집 『햇빛 노래하는 풀꽃』을 낸 후, 어느 사이 10여 년이 훌쩍 흘렀다. 햇빛을 노래하던 풀꽃은 이제, 노을빛에 다소곳이 고개 숙여 익어가야 할 노령의 기슭에 이르렀다. 지나온 길 돌아보니 행한 일은 보잘것없고, 받은 사랑만이 버거울 따름이다. 생의 고비 고비마다 돌보고 인도하신 하나님의 은총으로 내 삶이 얼마나 수월했던가. 그저 빚진 마음뿐이다.

그간 글쓰기의 느슨함도 있었지만, 수많이 쏟아져 나오는 책들 속에 어쭙잖은 나의 글까지 보탠다는 것엔 좀 망설여지기도 했었다. 한데, 지난여름 더위 속에 서둘러 그간의 원고를 모아 이 수필집 발간의 용기를 내었다. 요 몇 년 사이에 사랑하는 오라버니와 언니들, 남편, 친지들이 하나 둘 하늘나라로 떠났다.

청산을 넘어가는 구름처럼 그 어떤 것도 오래 머물러주지 않는다는, 이 엄연한 사실 앞에 마음이 급해졌다. 한때는 가까웠지만, 어쩌다가 소원해진 그리운 이들에게 늦은 편지 띄우는 심정으로, 나의 흔적 담긴 이 수필집을 보내드리기로 생각했다. 소식이 잘 닿지 않는 고향 친구와 동창들, 친척, 남편의 친구들, 옛 제자들, 떠난 목자와 교우들의 연락처를 찾느라 애를 먹었다.

사랑하는 사람들을 소재로 한 글은 버릴 자신이 없어 모두 끌어 안아 이 책을 꾸몄다. 수필은 고백적 체험의 진실이 담기는 글, 문학성의 유무는 저자의 몫이지만, 독자님들께선 이 책 어느 한 대목에서라도 감동을 받았으면 싶은 게 나의 절절한 바람이다.

세월이 육신은 할퀴어도 마음은 함부로 못하는지 아직은 녹슬지 않은 감성과 설렘이 있고, 무언가를 향한 그리움과 열정이 있음에 감사한다. 곱게 익어 풀씨만큼의 쓰임이라도 되었으면 하는 바람이다.

발문(跋文)에 나의 글쓰기 토양을 혈연의 시선으로 세세히 짚어준 조카 김인자에게 진한 고마움을 표한다. 어미의 두 번째 수필집 발간을 응원해준 자녀들도 고맙다. 책을 정성껏 만들어주신 '소소리' 우희정 사장님께도 감사드린다.

아울러, 이 책을 읽어주시는 모든 분께 머리 숙여 인사드리며 평안을 빕니다.

2017년 초가을

천사호(1004호)에서 金貞義

▷ 차 례

2. 편지가 되었으면

3. 나의 2월은

4. 호수공원의 추억

5. 소년이 왔다

1.

은총의 시간에

스무 개의 눈으로도

살아있는 가지마다 눈을 트는 봄날이다.

나는 안경을 깜박 잊고 나오다가 헐레벌떡 되돌아가 챙겨가지고 가던 길을 재촉한다. 전철역으로 향하는 도림천 길 양편의 흐드러진 벚꽃이 바람결에 흩날려 온통 분홍빛 꽃길이다. 거기, 한 젊은이가 흰 지팡이로 똑똑 길을 더듬으며 발걸음을 눌러 딛고 있다. 그를 앞질러 가는 마음 한구석이 저릿하다.

젊은 날, 맑디맑은 시력으로 줄기차게 읽어대던 내게 40대쯤의 시력 반란은 큰 슬픔이었다. 이젠 노안까지 겹쳐 안경의 도움 없인 꼼짝없는 무식자요, 어릿한 바보처럼 힘없이 움츠려들며 불안하다. 어데 여행이라도 떠날 때면 만일의 경우를 대비하여 안경 한두 개 더 챙기길 잊지 않는다. 이렇듯 내 몸의 일부가 된 안경이지만, 콧등 위를 누르는 불쾌감이 싫고, 음식의 김이 서려 불편하다고 잠시라도 홀대한다 싶으면 그들은 어디

론지 감쪽같이 숨어들어 나를 애먹인다. 있을 만한 곳곳 기억을 더듬어 수색작전에 나서보면 참으로 가관이다. 어느 땐 화장실 변기 귀퉁이에, 화분 옆에, 또는 친구와 들렀던 음식점 식탁 위에, 아니, 냉장고 속에까지 숨어서 "용용 죽겠지."라며 약을 올린다. 종종 벌어지는 그들과의 숨바꼭질에 진땀을 빼면서도 나는 그들을 아끼고 사랑하지 않을 수가 없다.

내겐 지금 아홉 개나 되는 안경이 있다. 그들은 각자의 위치에서 나름대로의 소임을 다해준다. 그중에서도 요즘의 어미 시력에 맞춰 삼남매가 선물한 독일제 다초점 안경은 나의 재산목록 1호라 여겨 아깝지 않다. 그걸 보호하기 위해, 다른 것들도 내치지 않고 적소로 발령을 냈다. 유행지난 금테 안경은 새벽예배 가방 속에, 몇몇은 TV옆이나 화장대 위, 또는 장바구니 안에 대기시켜, 그런대로 요긴하게 사용한다. 책 읽을 때만 쓰는 특별 돋보기와 야외에서 햇살을 막아주는 보호경도 있으니, 내 몸의 두 눈과 그들을 더하면 자그마치 스무 개나 되는 눈으로 나는 좀 더 세상을 잘 보려고 안간힘을 쓰고 있다.

하지만 스무 개의 눈으로도 보지 못하고, 보이지 않는 것이 많으니 어쩌랴. 제 아무리 좋은 안경의 도움을 받는다 해도, 백지 한 장만 가리면 앞을 보지 못하는 미약한 시력. 대체 우리 육신의 눈이 볼 수 있는 한계는 어디까지인가. 창조주의 실존과 거대한 우주도, 미세한 세균도, 바람과 공기의 실체도, 꽃이 피고 아이가 자라나는 어여쁜 과정도 육안으론 잡히질 않는다. 날마다 드나드는 골목길의 간판조차도 관심 밖의 것은 보이질 않다가 내가 필요해서 찾을 때, 그제야 꽃집이 나타나고, 문구점과 물리치료실도 눈에 들어온다. 내 책장 속에 있으면서도 안 보이던 그 책이 다시 읽고 싶어 제목을 불러주면 신기하게도 눈앞에 나타난다.

프랑스의 작가이며 비행사인 생텍쥐페리는 「어린 왕자」에서 "무엇이든 잘 보려면 마음으로 봐야해. 가장 중요한 것은 눈에 보이지 않거든."이라고. 사람의 마음을 어떻게 육안으로 들여다 볼 수 있던가. 진심으로 믿었던 친구로부터 배신을 당하기도 하고, 오랫동안 함께한 잉꼬부부가 남남으로 갈라서는 아픔을 겪게도 된다. 같은 눈으로 보았지만 뉴턴은 떨어지는 사과에서 만유인력의 원리를 찾아낸다. 자기가 아는 것, 이해하는 것만큼만 보인다는 말에 고개를 끄덕이게 된다. 진실은 영혼의 눈에만 보여, 영안이 열린 자에겐 늘 찬송이 흘러나온다고 플라톤이 말했던가.

더 깊고, 더욱 심오한 것을 보기 위해 불을 끄고 눈을 감아야 할 때가 있다. 명상할 때도, 기도할 때도 눈을 감는다. 심혼의 투시로 지금껏 보지 못한 것을 볼 수 있는 새 눈을 뜨고자 함이다. 새로운 소리를 듣고 싶은 갈망에서다. 온통 전깃불로 휘황한 도시의 밤은 별을 볼 수가 없다. 하늘에 반짝이는 보석처럼 빛나는 별빛, 이 위대한 자연의 신비를 체감하라고 미국 어느 도시는 밤마다 가로등을 꺼버린다고 들었다. 그렇다.

시인 밀턴은 실명을 한 뒤, 대 서사시 '실낙원'을 써서 영국 르네상스 최후의 거인이 되고, 베토벤은 귀가 들리지 않는 역경을 이겨내고서 더욱 찬란한 불후의 걸작을 남겼으니, 진실은 깊은 마음에만 보이고 들리는 것 같다.

오랜만에 만난 고향 친구, 세월에 할퀸 서로의 얼굴이 민망해서 안경을 벗어들고 희미한 불빛 아래 마주앉아 정담을 나눈 적이 있다. 곱던 기억만 간직하고픈 안타까움, 내 눈의 들보는 보지 못하고 상대방의 티끌이나 탓하는 시력이라면 어둔 게 낫겠다는 애절함이다.

사람의 감각 중에서도 가장 중요한 몫을 차지하는 눈은 마음의 창이다. 신약 성경에 나오는 예수님의 산상 설교 중에 '눈은 몸의 등불이니 그러므로 네 눈이 성하면 온몸이 밝을 것이요, 눈이 나쁘면 온몸이 어두울 것이니(마태 6:22~23)' 물론 여기에서의 눈은 인간의 현실 저편을 보는 마음의 눈을 말함이리라. 육안의 흐림은 안경으로 보충하지만, 영적인 소경은 무엇으로 바로잡을 것인가. 우리의 분별력이 흐리지 않도록 끊임없이 마음의 창을 닦으며 살 일이다.

나는 아홉 개나 되는 안경의 도움을 받고 있지만, 정작 보아야 할 것은 제대로 못보고 살아온 게 아닌지 못내 송구스럽다. 때로는 캄캄하던 세상길, 내 손 꼭 잡고 인도하신 주님 없었으면 어떻게 여기까지 왔을까. 이제라도 그 사랑 절절히 읽어내며 가리라. 생각과 느낌이 상대방에게 전달되는 눈은 또한 사람과 사람이 교감하는 중요한 통로. 눈을 보는 건 그의 마음을 보는 것이니, 진정 사랑하는 사람들의 진심만은 놓치지 말아야겠다.

하얀 지팡이로 조심스레 봄 길을 더듬어가던 그 젊은이를 생각한다. 가는 길 매우 힘들겠지만, 지혜로운 마음의 눈 활짝 열면 그는 보게 되리라. 더 멀리, 그리고 좀 더 깊고 오묘한 것들을…. 우리 모두는 희망의 등불 하나 꺼버리면 캄캄하긴 마찬가지다. 그 불빛 밝혀들고 남은 길 살펴 천천히 가자고 다짐해본다.

(2013)

황혼, 그 은총의 시간에

가을볕에 잘 여문 열매는 아름답다. 때마다 모진 비바람 용케 이겨낸 그 결실이 고맙고 대견하다. 하물며 지난 세월의 궤적마다 넘실댄 풍랑 애써 헤치고 황혼에 이른 삶, 이는 또 얼마나 큰 은총인가.

요즘, 나는 특별한 일이 없는 한 매주 월요일이면 큰언니 댁을 찾는다. 그날은 작은언니도 분당에서 아침 일찍 달려와 두 언니는 연신 창문 아래를 굽어보시다가 점심 무렵에야 도착하는 이 동생을 얼굴 가득 큰 웃음으로 반기며 안으신다. 어릴 적 어머니 품처럼 따스하다.

방 한복판엔 88세의 큰언니가 성심껏 마련한 점심상이 대기하고 있다. 황송하고 행복한 밥상이다. 노약해진 언니를 생각하고 외식을 권하지만 언제나 손수 장만하며 동생들 만나는 날엔 힘이 펄펄 솟는다는 언니시다. 정성어린 밥상 앞에서 우리는 먼저 깊은 감사의 기도를 올린다. 노릇하게 구운 굴비, 윗부분만 툭 자른 김치, 구수한 청국장찌개, 새우젓으로 간한 달걀찜, 참기름으로 무친 나물 등, 지난날 어머니의 손맛을 풍기는 음식들이 한상 그득하다. 고향의 맛을 음미하며 즐거운 식사가 끝나면 또 다른 담소의 장이 펼쳐진다.

큰언니와 세살 터울인 작은언니는 겁도 없이 묵직한 보따리를 들고 오시기 일쑤다. 그 속에서 떡이며 강정 따위의 간식거리를 꺼내놓고 스스럼없는 대화를 나누며 마시는 커피 한잔의 행복이라니. 젊은 날엔 언제 이토록 여유롭고, 아늑하고, 편안한 시간이 있었던가. 자식들 키우느라 동동거리며 각자의 살림살이에 눈코 뜰 새 없이 흘러버린 세월. 틈틈이 몰려든 세파에 할퀴어 아프던 날들 있었기에, 평온한 황혼의 시간이 이토록 감사하고 기쁨임을 깨닫게 된 게다.

40대에 부군 여의고, 뙤약볕 아래서 풀포기 쥐어뜯으며 눈물짓던 큰언니. 아들 하나에 생을 걸고 맨손으로 상경하여 기어이 그 아들 대학 졸업시키고, 장가들인 뒤엔 저희끼리 오순도순 살라며 자청하여 홀로 사신다. 이제, 언니의 에덴하우스 이층 조촐한 방은 형제들이 부담 없이 드나드는 만남의 처소가 되었다. 때때로 작은오라버니도 전주에서 올라오시고, 같이 늙어가는 조카들도 모여들어 집집마다 둥지 떠난 자식들 제 새끼에 열정 쏟는 이야기며, 총각 처녀 시집 장가 늦어 타는 속내도 털어놓는다. 수지침 강사인 큰 조카딸은 하루를 고모들 위한 날로 정해서 뜸도 떠주고 건강체조도 시키고 설거지도 도맡는다.

요즈음 부쩍 귀가 어둑해진 큰언니는 우리들의 지절대는 입 모습만 바라보며 말없이 미소로 답하시곤 한다. 그 모습이 안쓰러워 발언권을 언니께 양보하며 자타가 공인하는 언니의 총기를 자극하면 마냥 신이 나서 성경구절, 춘향가, 흥부타령 등이 구성지게 쏟아져 나온다. 언니의 암기력은 예나 지금이나 대단하시다. 더러 조카와 내가 바쁘다는 핑계로 빠질 때도 큰언니의 한결같은 단짝은 작은언니뿐이다. 행여 외로우실까봐 매주 들러서 목청 돋워 소통하는 절친한 말벗, 작은언니가 있어 든든하다.

내가 엄마의 치마꼬리를 잡고 다닐 무렵 언니들은 시집을 가셨다. 나를 여전히 앳된 막내로만 여기는 언니들의 착각이 싫지 않아, 그분들 곁에만 오면 나는 나이를 잊고 생기발랄한 젊음으로 돌아간다. 나는 젖먹이 딸린 30대 초에 생사를 넘나드는 열병과 대수술로 언니들을 슬프게 했었다. 그 고통의 시기 잘 이겨내고 이젠 미국으로, 캐나다로, 아들네 딸네 찾으며 건강하게 지내는 이 동생부부를 지극히도 아껴주시는 언니들이 있어 행복하다.

한 어미의 태에서 나온 자매라서일까. 우리는 식성이 같고, 몸매가 비슷하고, 검소하고 성실한 성품도 똑같다. 형제들 모두가 글 쓰고 책 읽길 탐하는 반면, 운동신경은 별로이다. 방향감각이 둔한 길치들이요, 몇 번 만난 사람도 머릿속에 제대로 입력을 못해 종종 실수를 범하곤 하니, DNA의 위력에 놀라지 않을 수 없다. 부모님으로부터 물려받은 이 모두를 우린 순리로 받아들인다.

이심전심으로 생각이 통해서 내가 읽고자 하는 책을 용케 골라 오시는 작은언니, 지금은 큰 서점을 경영하는 막내조카로 인해 맘껏 읽을 수 있는 복을 누리지만, 한 시절엔 의협심 불타는 그의 민주화 투쟁으로 얼마나 힘든 날을 보내셨던가. 그래서 황혼의 평온에 감사가 더 깊고, 글 읽는 재미에 살맛나는 노년을 누리시나 보다.

독서량이 풍부한 언니들과의 대화는 시사를 비롯해서 정치, 경제, 문화, 종교로 이어진다. 그래도 고향 언덕의 들꽃이나 부모 형제들과의 추억이 밴 이야기보다 더 향기론 건 없다. 담화 중 틈틈이 삶은 계란을 먹으라고 넘치도록 권하시는 큰언니, 달걀 향수가 얼마나 진했으면 만날 때마다 되풀이신지. 어릴 적 큰언니는 계란이 하도 먹고 싶어 일손 바쁜 큰올케를 졸랐더니, 암탉이 앉았다가 방금 내려온 둥지 더듬어 갓 낳은 계란을 꺼내 밥솥에 쪄 주시더란다. 그땐 철없어서 큰올케에게 한입 먹어보란 말도 못하고 혼자서 게 눈 감추듯 했다며, 큰언니의 이야기는 언제나 후회로 끝을 맺는다.

연습이란 게 없는 단 한 번의 삶, 돌아보면 자국마다 철없고 미숙했던 일이 얼마나 많은가. "삶이란 무언지…." 푸념처럼 던져본 말에 "계란이지 뭐." 서슴없이 답하는 큰언니의 익살. "삶은 계란이라." "그것, 참 말이 되네요." 우리는 소녀처럼 깔깔댄다. 그지없이 순수하고, 온화하고, 더욱 진실하고 겸손해져, 사는 것처럼 살다 갔으면 싶은 바람이다.

차츰 언니의 창이 어둑해지고 있다. 어김없이 하루는 저물어 헤어질 시간이다. 아쉬운 마음으로 방을 휘 둘러본다. 자그만 TV곁엔 큰언니가 손수 필사한 신구약 성경 66권이 묵직한 세 권으로 묶여있다. 탁자 위엔 지난날을 기록한 노트들과 매일 적고 계신 수첩이 놓였고, 큰오라버니의 일생기와 작은오빠의 저서, 나의 수필집 등이 꽂힌 책장 속의 앨범 옆에 미소 띤 영정사진도 준비되어 있다. 어느 해 윤달에 작은언니와 함께 마련했다는 삼베수의도 상자에 담아 계절 옷 몇 벌 아래 고이 모셔놓았다. 숙연해진다. 작은언니가 일어서며 "우리들의 이 시간이 얼마큼 지속될 수 있을까?" 그러신다. 그랬다. 언니들과 함께 희희낙락 찾아들던 고향집도 옛이야기만 간직한 채 지금은 텅 비어 있다. 해 아래 살아있는 모든 것은 언젠가는 사라지고, 지나가고, 떠나기 마련이다. 말없이 흐르는 시간은 그렇게 우리를 가르쳐왔다.

전철에서 내리니 해가 뉘엿뉘엿 저문다. 집으로 향하는 도림천길, 이 길 양편에 지난봄엔 분홍빛 꽃들이 방싯대더니 진초록 여름 지나, 이젠 색색으로 물든 나뭇잎이 노을빛에 화사하다. 곱게 지는 황혼도 해돋이만큼이나 아름답구나!

(2012)

클로버 유감

고향의 밭둑이나 양지바른 풀밭에서 어릴 적부터 정들었던 클로버. 그 소박한 모습은 어디서나 흔히 볼 수 있어 친근하다. 귀 쫑긋 귀여운 토끼가 빨간 눈망울을 굴리며 오물오물 잘도 먹어 토끼풀이라 불리기도 한다.

2007년 여름, 나는 먼 이국의 잔디밭에서 클로버와 맞서 싸움을 벌여야만 했으니 꿈에도 생각지 못한 일이었다. 새로 이사한 밴쿠버의 딸네 집은 앞 정원이 곱고, 뒤 잔디밭은 축구라도 했으면 싶게 너르다. 담장 옆의 거목엔 다람쥐와 청설모가 오르내리고, 잔디밭엔 클로버를 탐하는 야생 토끼도 들락거린다. 그곳의 여름은 한국과는 달리 아침저녁으론 서늘하고, 가끔 비가 내리다가도 어느 사이 구름은 간 데 없고 파란 하늘에 햇살이 눈부시다.

우리 내외는 이른 아침 조용히 집을 빠져나와, 라스베리가 흐드러진 숲길을 걷기도 하고, 그림 같은 마을에 솜씨 좋게 꾸며놓은 집집의 정원을 구경도 하면서 한 시간 가량 산책을 즐겼다. 한번은 산책길 얘기 중에 어느 집 뜰은 파릇한 잔디 속에 노란 민들레와 하얀 클로버 꽃이 어울려 알록달록 보기 좋더라고 했다. 딸애는 엄마가 모르는 소리라며 고개를 흔든다. 그곳 사람들은 초록빛 양탄자처럼 잔디만 곱게 가꿔야지 다른 잡초가 섞이면 게으름 피운다고 핀잔을 듣게 된단다.

정원 가꾸길 무척이나 즐기는 딸애는 남매의 등하교길 운전해주랴, 학생들 피아노 레슨 하랴 바쁜 틈새를 비집고 부지런히 화초를 사들였다. 이번 여름엔 바쁜 제 남편 조를 것 없이 부친과 손이 맞아 심고, 자르고, 물주며 신이 난다. 그의 골칫거리는 전 주인이 미처 손쓰지 못한, 뒤 잔디밭에 군데군데 퍼진 클로버 군락이다. 제초제 뿌리는 사람을 불렀다기에 그까짓 토끼풀쯤이야 엄마 아빠가 없애 주마고 큰소리쳤다.

남편과 나는 즐거운 아침 산책을 접고 클로버 곁으로 다가가서 그들을 제거하기 시작했다. 잔디 속으로 줄기를 뻗으면서 실뿌리를 내리는 그의 기세가 당당하다. 씨를 맺고 여물리는 수많은 꽃들이며 새 얼굴을 내미는 어린 싹들 가릴 것 없이 쥐어뜯고, 뽑고, 꺾으며 한 무리 두 무리 점령해나갔다. 클로버를 없앤 곳에 잔디 씨를 뿌리려니, 끊겨 남은 토막에서 놀랍게도 밤사이에 쏘옥 새잎이 올라온 게 아닌가. 만만한 상대가 아니라 싶어 한낮엔 비치파라솔로 햇살을 가리고 클로버와 실랑이를 벌였다. 차츰, 더 치밀하고 느긋하게 작전을 바꿔, 음료수를 마셔가며 잔디위에 퍼질러 앉아 송곳을 이용해 줄기를 걷어내고, 뿌리를 깊이 헤집노라면 그도 일이라고 목이 뻐근하고 손가락이 얼얼하다.

틈틈이 고개를 젖히고 파란 하늘을 올려다본다. 흘러가는 버섯구름이 신기해서 잔디 위에 누워 한참을 바라보다가 앞 숲의 나무들과도 눈을 맞춘다. 일손 쉬는 짬새를 어찌 알고 이름 모를 푸른 깃털 새가 한 마리 두 마리 떼를 지어 날아든다. 파헤친 흙에 꿈틀대는 지렁이를 노리고 주황색 부리로 잽싸게 쪼는 블루버드를 위하여 한참씩은 해찰을 해도 좋다.

살갗을 스치는 삽상한 바람결에 지난날이 묻어온다. 여고 시절, 모교의 상징이던 클로버. 새하얀 교복에 짙푸른 세 잎의 클로버 배지를 가슴에 달고 풍선처럼 꿈을 부풀리던 그때, 운동장 가의 늙은 플라타너스는 시원한 그늘을 만들어주었지. 그 나무 밑 무성한 클로버 마당에서 행운의 네 잎을 찾느라 반짝였던 눈동자들. 전쟁터의 나폴레옹이 네 잎 클로버가 신기해서 굽어보는 동안 머리 위로 날아가는 적의 총탄을 피할 수 있었대서 '행운'의 심벌이 되었다는 네 잎 클로버. 두툼한 책 갈피 갈피에 눌러둔 행운의 잎을 긴 사연 속에 끼워 보내고, 가슴 졸이며 기다리던 회신. 하얀 꽃으론 팔찌, 목걸이 만들어 걸고 즐기던 추억의 클로버가 아니더냐.

내 굳이 잔디 편이 되어 클로버만 괴롭힐 게 뭐람. 슬그머니 그에게 미안한 생각이 들었다. 아무리 잡초라지만 그도 귀한 생명인 것을. 내가 그토록 찬가를 불렀던 민들레마저 그곳 잔디 속에선 천덕꾸러기 신세가 되긴 마찬가지였다. 아름다움의 가치기준도 때와 장소에 따라 달라지는가 싶어 씁쓸했다.

틈틈이 클로버 제거 작업은 계속되었다. 노력 끝에 모조리 소탕했구나 하고 쾌재를 부르노라면, 꼭꼭 숨었던 어느 줄기에서 잎을 틔웠는지 이삼일 뒤면 거짓말처럼 조그만 꽃을 달고나와 약을 올리는 게 아닌가. 기가 찰 노릇이었다. 마침내 우리는 클로버와의 한판 싸움에서 두 손을 들고 말았다. 딸네는 위드맨을 불러 약을 살포하기에 이르렀다. 그런데 몇 날이 지나도 꽃과 잎이 말짱하여 가짜 약을 쳤나 의심이 들 지경이더니, 일주일쯤 되어서야 누렇게 명줄을 놓기 시작한다. 그 지독한 생존의 힘에 경탄하지 않을 수가 없었다.

내 고향 풀밭에선 키 높일 줄 모르고 낮은 자세로만, 윙윙거리는 벌을 부르던 순하고 연한 풀. 그의 어디에 그토록 악착스런 에너지가 숨어있었더란 말인가. 캐나다의 맥마스터 대학 연구진은 식물도 제 살붙이를 알아본다고 했다. 한 화분에 다른 종을 심으면 마구 뿌리를 뻗어 치열한 경쟁을 벌이지만, 같은 종류끼린 뿌리를 늘리지 않는다는 게다. 종족 번식의 본능은 숨쉬는 것마다 그렇듯 절실한 게로구나.

꽃말이 '평화'요 '너와 더불어'인 클로버. 화해의 손 내밀어 공존할 수 없는 자리라면 아예 뛰어들질 말거라. 어찌하여 저희끼리 오순도순 살아보겠다는 잔디 속에 끼어들어 온갖 고초를 겪으며 그 수난을 당하는가.

나는, 내 손으로 뽑은 클로버 무리가 여름 햇살 아래 힘없이 시들고 있는 모습을 멍하니 바라보았다. 안쓰러운 마음으로….

(2007)

박해의 자국, 그 회화나무

지난해 사월 중순, 글벗들과 함께 충남 서산의 해미읍성을 찾았다.

해미는 우리나라에 남아 있는 가장 완벽한 읍성의 하나로, 지금은 천주교 성지로 더 각광 받고 있다. 그 주변엔 탱자나무가 많아서 속칭 탱자성으로 불리기도 한다. 해미읍성은 조선시대 해안에 출몰하는 왜구를 막기 위해 태종 때 쌓기 시작하여 세종 3년에 완성 되었다. 조선 후기 신유박해와 병인양요를 거치는 100년 동안 천주교 박해의 현장이던 곳이다.

옥사를 향해서 천천히 발걸음을 옮긴다. 그 입구에서 한 그루의 노쇠한 회화나무와 친견하게 되었다. 주변 나무들은 연둣빛 새 옷으로 단장하느라 기쁨으로 수런거리는데, 그 나무만은 무거운 침묵 속에 거뭇한 모습이 을씨년스럽기까지 하다. '도정기념물 172호'란 안내판을 통해 수령이 300년 이상의 사연 많은 나무임을 알게 되었다. 당시 옥사에 수감된 천주교 신자들을 끌어내어 이 나무의 동쪽 가지에 철사와 밧줄로 머리채를 매달아 고문하였다는, 바로 그 비극의 회화나무다. 숙연한 마음으로 세심히 살펴본다. 고문의 흔적으로 남아있는 철사 자국이 선명하다. 처참히 부러져나간 동쪽가지의 횅하니 뚫린 구멍 속으로 무심한 새끼다람쥐 한 마리가 잽싸게 숨어든다. 그 회화나무는 이 봄 언제쯤 다시 생기를 찾아 푸른 잎을 틔우려나.

굴곡진 역사의 현장 그 한복판에 있었다는 연유로 제 의지와는 상관없이 악의 편에 몸을 빌려준 그 회화나무, 원통하고도 얄궂은 운명이다. 인생사도 더러는 이 나무와 같은 숙명이 있지 않을까 싶어 마음 오싹해진다. 한 맺힌 세월 동안 모진 비바람 어찌 견뎌내며 오늘에 이르렀을까. 끝없이 풀어내도 못다 할 이야기를 쇠잔해진 몸 속 깊이 사려안고 묵묵히 서 있는 그 나무. 사무친 한이 맺혀 그토록 삭아 고목이 되었는지….

그의 깊은 상처를 마음으로 어루만지며 옛 옥사 안으로 들어갔다. 강한 믿음으로 오로지 하늘의 진리만을 좇았던 순박한 신도들. 그들에게 온갖 잔인한 방법으로 형벌을 가했던 도구들과 당시 상황을 재현해 놓은 여러 모습들을 보니 새삼스레 분노가 치민다.

1790년대 정조 때부터 시작된 천주교 박해는 독일 탐험가 오페르트의 능묘도굴 사건 이후 더욱 극심해졌다. 그 지역 겸영장이 잡아들여 처형한 신도 수가 1천여 명에 달했다니 끔찍스럽다. 김대건 신부의 증조부도 여기서 순교했다고 한다. 옥사에서 끌려나온 신도들은 이 회화나무에 매달려 고문을 당했다. 서문 밖 돌다리 위에 자리개질 쳐서 죽이고, 한 줄로 엮어 생매장 시키거나 물속에 빠뜨려 죽였다. 아직도 그들의 통곡소리가 들리는 듯하다. 그분들의 피 값으로 오늘의 나는 이토록 편안하게 신앙생활을 하고 있는 게 아닌가.

옥사 밖으로 나와 다시 한 번 회화나무 앞에 정중히 섰다. 그지없이 착하고 순박해 보이는 나무다. 넓은 산야나 어느 촌락에 자리했더라면 예쁜 새들의 보금자리, 아니면 지친 나그네의 쉼터도 되어주고, 밤이면 뭇별들과 이야기도 나누며 더없이 행복했으련만….

회화나무는 콩과에 속하는 낙엽 활엽 교목이다. 괴목(槐木) 또는 홰나무라고도 불리며, 충청 방언으로는 호야나무라 한다. 8월에 황백색 꽃이 피고 꼬투리열매는 10월에 여문다. 주로 정원수나 가재도구로 이용되며 꽃과 열매는 약용으로도 쓰인다.

다른 회화나무는 몸으로 베푸는 방식도 많건만, 그는 하필 해미읍성에 태어나 모진 형틀의 운명을 짊어질 수밖에 없었으니. 그때, 거기에 뿌리내려준 그의 조상은 어떤 심정이었을까. 정녕 그 모두가 하늘의 뜻이라 순응하고, 지난 비극을 상처투성이 몸으로 후세에게 증언함도 자기 사명이라 여기며 스스로 다독이고 있을까.

지금, 회화나무는 10년 전 어미나무의 씨를 받아 심은 네 그루의 새끼나무가 노쇠한 어미 주변에서 건강하게 자라나고 있어 다행이다. 내일이 든든하다. 뼈아픈 어미의 세월이 밑거름 되어 그 후손들은 부디 평안의 복 누리거라.

지난 역사의 소용돌이 속에서 그때 그곳의 모든 것을 보고, 듣고, 몸소 체험한 그 회화나무. 억울하게 희생된 수천의 원성이 크고 작은 옹이로 온몸에 박힌 채 말없이 서 있는 그 회화나무. 나는 자꾸만 그를 뒤돌아보며 비극의 현장을 떠나왔다.

(2009)

모자를 생각한다

나는 모자에 대한 애착이 많다. 중년에 접어들면서부터 성글고 버슬해진 머리칼 손질하는데 신경이 쓰여, 외출 때면 곧잘 모자를 애용하게 되었다. 하지만 내가 탐내는 건 숱 많고 윤나는 머리칼이다. 아가씨들의 목덜미까지 내려와 부드럽게 굽이치는 머리칼을 볼 때면 만져주고 쓰다듬고 싶어진다.

솔로몬은 그가 사랑한 술람미 여인의 머리털이 길르앗 산기슭에 누운 염소 떼 같다고 칭송했다. 젊은 날의 나도 긴 머리 나풀거리며 찬바람 속을 쌩쌩 오가던 시절이 있었다. 그땐, '알프스의 소녀' 하이디처럼 챙이 넓은 모자를 어쩌다가 멋으로 써보긴 했지만, 지금처럼 모자의 필요성을 느끼진 않았다.

20여 년 전 어느 늦가을, 나는 용기를 내어 처음으로 모자 쓰기를 시도했다. 미장원 가는 시간과 돈도 아끼고, 추위에 햇병아리처럼 움츠려드는 몸도 보온할 겸 볼품없는 머리칼을 모자로 가린다면 얼마나 편리하랴 싶었다. 드디어 장롱 속에 간직해둔 갈색 모자를 꺼냈다. 의대생 아들이 머리 식힌다며 일주간의 유럽 배낭여행 때 파리에서 사온 선물이다. 둥근 차양에 꽃 장식이 멋스런 모자다. 그걸 쓰고 거울 앞에 섰다. 앞뒤 이쪽저쪽 살펴보니 영 어색하고 쑥스럽다. 파리의 멋쟁이 여인들에게나 어울림직한 걸 사왔다며, 쓴웃음을 짓고 다시 그 자리에 넣어두었다.

그래도 모자의 미련은 남아있어, 백화점의 어느 성탄세일 기간에 수수한 검회색 모자 하나를 골라왔다. 평소에 안하던 차림이나 행동을 하기란 용기가 필요한 법. 당시엔 교회에 모자를 쓴 사람이라곤 없었기에 나는 단단히 마음 추스르고 모자차림으로 성탄 예배에 참석했다. 모두가 나만 쳐다보는 것 같아 신경이 쓰였다. 예배를 마치고 나오려니 만나는 이마다 "모자가 멋지네요. 멋있어요." 한마디씩을 건넨다. 그 말의 뉘앙스가 아주 싫지만은 않아 그저 묵묵히 미소로 답했지만 어쩐지 어색한 기분이었다.

무슨 일이든 처음 용단 내기가 어렵지 되풀이되면 몸에 익어 자연스러워진다. 차츰 그렇게 편리할 수가 없었다. 모자에 대한 애착은 탐심을 동반하여, 모자 가게 앞을 지날 때면 기웃거리곤 한다. 길가다가도 모자 맵시가 곱거나 어울리는 사람을 보면 뒤돌아서서 다시 바라본다. 그래저래 계절 따라 구입한 모자가 꽤나 많아졌다.

'모자' 하면 제일 먼저 떠오르는 사람은 영국 여왕 엘리자베스의 품위 있고, 우아하고 권위까지 지닌 모습 아니던가. 반면에 서민적인 우리의 방랑시인 김삿갓은 삿갓 밑으로 자기의 정체를 가리고 자유분방한 떠돌이로 시를 읊으며 삶의 멋을 부리기도 했다. 차양을 뒤통수로 돌려쓴 청소년들의 헌팅캡, 베레모를 쓴 예술가, 중절모나 파나모 차림의 신사, 다양한 색상과 꽃장식의 모자 차림으로 유유히 외출하는 서구의 여인들을 보면 당당하고 멋스러워 보인다. 가위를 짤깍거리는 품바족의 벙거지모, 밀짚모자를 씌운 허수아비조차도 내 눈엔 친근하고 사랑스럽다.

모자도 쓰는 사람의 격에 맞아야만 어울리고 보기에 좋다. 과학 소설가 H.G웰스는 머리통이 하도 커서 맞는 모자 구입하는데 애를 먹었다고 한다. 내 기억 속의 어머니는 쪽진 머리 위에 허연 무명수건을 휙 둘러쓰고서 바쁜 하루를 시작하셨다. 지금도 선연한 그 모습이 그립다. 아버지께선 회색 두루마기에 중절모 차림으로 외출하시던 꼿꼿한 모습이 새겨있다. 또 하나, 환상적인 모자는 큰언니 시집갈 때 연지곤지 찍은 언니의 머리 위에서 알록달록 빛나던 족두리와 늠름한 형부의 사모관대 차림이다. 그 같은 모습은 내 유년 시절 마을의 혼례 때면 흔히 볼 수가 있었다.

내가 맨 처음 모자를 쓴 건 서너 살 쯤의 어느 겨울인 듯싶다. 친척 결혼식 날, 엄마 등에 업혀 얼굴까지 덮이는 털모자를 쓰고서 얼마나 즐겁고 아늑했던지. 값이 싸든 비싸든 모자도 쓰는 이와 조화가 이루어질 때 보기에 좋다. 무생물인 허수아비조차도 제게 어울리는 헌 밀집모를 요구할 것 같다.

모자의 기원은 추위, 더위를 막기 위해 먼 옛날부터 쓰게 되었다는 실용설, 예의를 갖추기 위해 썼다는 윤리설, 미적 장식을 목적으로 하였다는 예술설, 원시인의 신앙에서 유래하였다는 종교설 등 분분하다. 인체의 맨 위, 가장 귀중한 부분인 머리에 쓰고, 올리고, 감싸는 모든 것의 총칭이 모자라니, 세상엔 사람의 성향만큼이나 다양한 종류의 모자가 있게 마련이다. 권위와 위엄을 상징하는 왕관이나 대례모, 머리 보호를 위한 작업모, 철모, 헬멧이며, 뜨거운 햇살과 추위를 막아주는 실용적인 모자 등등. 나라와 지역에 따라 습관상 혹은 장식용으로 쓰는 터반, 두건, 히잡, 인디언족의 깃털 본넷, 기타 운동모, 학생모, 면류관까지 이루 헤아릴 수 없이 많은 모자들이 있다.

각자의 모자는 보통 자기가 쓰기 마련이지만, 형편과 처지에 따라서는 씌워지는 모자가 있다. 황제나 제왕처럼 신하가 머리에 올려드리거나, 보호자의 손을 빌려야하는 어린이와 노약자가 그렇다. 이 모든 세상의 모자들은 사용자를 보호하고, 치장하고, 권위와 존재를 드러내기 위해서 쓰게 된다. 그런데 본인의 의지와는 아무런 상관없이 씌워진 모자 하나가 있다. 죄 많은 이 땅에….

2000여 년 전, 저 멀리 황량한 골고다 언덕엔 33세의 청년 예수가 세상 죄를 짊어지고 잔인한 십자가 위에 달려있었다. 만왕의 왕인 그의 머리엔 금관 아닌, 가시로 만든 관이 씌워졌다. 오로지 조롱과 고통을 가하고자 로마병정이 씌운 멸시의 가시관이다. 아니, 우리 죄로 인하여 피를 뚝뚝 흘리며 쓰신 고통의 가시관이다. 얼마나 아프셨을까….

그 처참한 고통의 순간에도 원수를 위하여 "아버지 저들을 사하여 주옵소서. 자기들이 하는 것을 알지 못함이니이다.(눅 23:34)" 내 영혼 떨리게 하는 그 말씀은 갚을 길 없는 용서의 은총이다. 나는 이제껏 추위, 더위, 비바람 막아주는 내 인생의 편한 모자만을 쓰고 살아온 게 아닌가.

뒤늦게 나는, 땅의 시간이 뉘엿뉘엿 저무는 황혼의 길목에 서서 사무친 회한으로 올려다본다. 주님이 쓰신 세상에 단 하나 뿐인 모자, 골고다의 가시면류관을….

(2016)

메르스 때문에

유월의 초목은 여전히 싱그럽고, 쏟아지는 햇살은 날로 열기를 더해간다. 유월을 맞을 때면 나는 입버릇처럼 브리지스의 'Oh! life is delight, when June is come'을 읊조리며 달력을 넘기곤 한다. 그런데, 2015년 대한민국의 6월은 뜻하지 않은 복병을 만나 열병을 앓고 있으니 우울하다. 이름도 생소한 메르스, 중동호흡기증후군(MERS: Middle East Respiratory Syndrome)의 침범은 무슨 변고인가.

지난해 4월 여수 앞바다에 침몰한 세월호의 깊은 슬픔에 노란 리본의 애절함이 채 가시기도 전에, 이젠 하얀 마스크로 얼굴을 가려야 하는 이 여름날의 사투. 이는 분명 민족의 시련이요 재앙이다. 메르스 때문에 나는 사랑하는 교우의 병문안을 가지 못했다. 전 같으면 여럿이 병원으로 달려가 손잡고 기도한 후, 정담도 나눴을 터이다. 이러한 문병습관이 서로에게 얼마나 안 좋은지를 지금까진 미처 깨닫지 못했다. 육안으로는 볼 수 없는 바이러스와 병원균이 사방에 진을 치고 틈만 있으면 생명을 넘보는 세상이다. 여기까지 용케 살아왔다는 것이 고맙고 대견하다.

한 사람이 사우디에서 묻혀온 메르스 바이러스의 검은 위력에 온 나라가 패닉 상태다. 매 시간 보도되는 메르스 관련 뉴스에 눈과 귀가 쏠려 다른 일이 왈칵 손에 잡히질 않는다. 6월 15일자로 사망자 16명, 확진자 150명, 격리자 5천여 명, 치사율 10.6%, 만일 8월까지 꺾이지 않는다면 20조 922억원의 경제 손실을 입게 된단다. 메르스 때문에 학교가 휴교에 들어가고, 각종 모임이 취소되고, 해외 여행객이 감소하고, 국제대회에 한류스타마저 배제된다니, 경제적 사회적 손실은 말할 것도 없고 국민의 자존감마저 상처를 입은 기분이다.

우리는 지난날의 헐벗고 굶주림에서 벗어나고자 주먹 불끈 쥐고 반세기만에 기적처럼 경제성장을 이루었다. 그래, 겉만 너무 으쓱 했던가. 갑자기 들이닥친 메르스는 발가벗겨진 우리 사회의 단면을 아프게 드러낸다. 격리를 거부하고 돌아다니는 환자, 진료를 거부하는 의사, 국민이 너무 호들갑이라고 호통치는 정치인, 메르스와 사투를 벌이는 의료진 가족을 따돌리는 매정한 주변사람들 등등. 여러모로 부실하고 성숙하지 못한 우리의 내면을 꿰뚫어보게 된다.

세계보건기구(WHO) 합동평가단은 우리 정부의 투명한 정보

공개가 늦었기 때문에 메르스의 확산을 막지 못했다고 뼈아픈 지적을 했다. 책임자의 허술한 늑장 대응은 SNS상에서 먼저 각종 정보를 흘리고 유언비어까지 쏟아놓게 했다. 방심했기에 호미로 막을 걸 가래로 막게 되었다는 얘기다. 메르스의 교훈이다.

두려움의 메르스는 큰 슬픔이기도 하다. 사랑하는 가족의 마지막도 지켜볼 수 없는 비통함. 임종을 앞둔 환자는 음압병실에서 우주복 같은 복장의 의료진을 마지막으로 보면서 눈을 감는다. 사랑하는 가족은 그 자리에 없다. 숨진 뒤에도 감염의 이유로 24시간 안에 화장로 속으로 들어가게 된다. 어느 환자 가족은 엄마의 임종이 가깝다는 소식을 접하고, 통곡을 삼키며 전화로 간호사에게 애원했다. 아빠와 자녀들의 마지막 말을 받아 적어, 사랑하는 엄마가 눈감기 전에 꼭 좀 읽어드리라고. 그 처절한 요구에 간호사 셋이 7분에 걸쳐 사위어가는 생명 앞에서 눈물의 낭독을 했다는 보도에 가슴 저릿해진다.

만물의 영장이라 자처하는 인간이 그토록 작고 하잘것없는 바이러스에 농락당하다니, 뽐낼 것 하나도 없구나 싶다. 잃은 자존감을 되찾기 위해서도 한없이 겸손해져야 하겠다. 전염병은 항상 인류 역사와 함께해왔다. 중세 유럽을 휩쓸어 인구를 감소시켰다는 페스트(흑사병), 우리 어릴 적 마마라 불렸던 무서운 천연두가 사라지고, 결핵, 코레라, 마라리아, 장티푸스, 한센병, 이질 따위의 괴질도 차츰 과학의 힘으로 정복되고 있지만, 의학을 뛰어넘는 새로운 질병이 발생하여 지구촌 곳곳을 넘나든다. 근래엔 에이즈, 사스, 신종 인플루엔자, 에볼라 따위가 겁을 주더니, 급기야 메르스가 고요한 아침의 나라를 덮쳐 매섭게 흔들어댄다.

며칠 전, ㅈ일보의 칼럼 '메르스가 폭로한 권력의 누아르'라는 글은 194X년 프랑스 도시 오랑에서 벌어지는 전염병과의 전쟁을 그린 알베르 카뮈의 소설 「페스트」의 끝부분을 인용했다. '페스트균은 결코 죽지도 않고 사라져 버리지도 않으며, 인간들에게 불행도 주고 교훈도 주려고 저 쥐들을 잠에서 깨워 어느 행복한 도시 안에다 내몰고 죽게 하는 날이 언젠가 다시 오리라는 사실을 알고 있었기 때문이다.' 이 부분은 가히 암울한 묵시록에 가깝다며 글쓴이는 칼럼을 맺었다.

메르스가 우리에게 말하고자 하는 것은 무엇인가. 참으로 많은 생각을 하게 된다. 위기는 기회라니, 메르스로 인하여 깨닫고, 고치고, 배려하고 합심하여, 돈보다 생명이 존중받는 성숙한 사회로 변화된다면 이 재앙은 축복의 통로가 될 것이다. 메르스 때문에 두 손을 자주 깨끗이 씻고, 입은 하얀 마스크로 봉하고, 마음 더욱 말갛게 닦아내야겠다.

(2015)

아름다운 변신

'가을밤 오색으로 물들인 억새숲 속의 음악회', 감성적인 이 보도에만 끌려 선뜻 그곳으로 밤나들이를 정하게 된 건 아니다. 정작, 내 마음을 움직인 것은 그 장소 때문이었다. 지금은 이름도 근사한 '하늘공원'으로 바뀌었지만, 몇 년 전만해도 서울의 온갖 쓰레기를 끌어안고 악취를 풍기던 난지도의 버림받은 땅. 거기에서 가을밤의 음악 축제가 열리는 것이다.

나는 직접 그곳에 가서 내 눈으로 확인하고 싶었다. 11월 중순의 어느 황혼 무렵, 화가인 고향친구를 불러내어 함께 전철을 타고 월드컵 경기장 역에서 내렸다. 거대한 체육관 주변은 아름다운 가로수 길로, 호수가 있는 공원으로, 산뜻하게 꾸며 져 있다. 징그러운 애벌레가 고운 나비로 새롭게 탄생된 느낌이다.

행인에게 길을 물어가며 하늘공원 초입에 이르니, 날이 어둑해져 공원을 오르는 이보다 내려오는 사람들이 더 많다. 나무 계단 양 편의 청사초롱 불빛에 어슴푸레 올려다 보이는 산정은 제법 높다. 층계 거리가 1.4㎞나 된다는 수많은 계단을 헉헉대며 정상 가까이 이르니, 잘 조성된 억새의 군락을 따라 이리저리 산책로가 나 있다. 쌀쌀한 밤공기에 검푸른 하늘의 총총한 별들이 손에 잡힐 듯 가깝다.

음악회 시작을 알리는 노래가 흘러나오자 색색의 조명에 물든 억새가 색동옷으로 갈아입고 춤을 추기 시작한다. 일렁이는 억새물결을 배경으로 쌍쌍의 젊은이들은 연속 플래시를 터뜨려댄다. 야외무대 앞 맨땅에 신문지를 깔고 앉아 젊은 음악인들이 뽑아내는 노래를 감상하다가 한기를 느껴, 슬며시 그곳을 나왔다.

억새 사이 길로 발걸음을 옮기려니 공연장의 소프라노 아가씨가 부르는 슈벨트 세레나데의 감미로운 멜로디가 귀에 흠뻑 젖어든다. 내 눈은 또 쓰레기 산이 억새 숲으로 탈바꿈한 정경에 깊이 감탄한다. 아, 이렇게도 변할 수가 있구나!

훗날, 다시 한 번 햇볕 쏟아지는 대낮에 찾아와서 은빛 억새들의 속삭임도 듣고, 반짝임도 보리라고 생각했다. 그리고 4년이 흘렀다. 2007년 가을, 우연찮게 그 '하늘공원'을 다시 찾게 되었다. 25년 전에 헤어진 전도사님이 만남의 장소를 그리로 정한 것이다. 두 명의 교우와 함께 설레는 마음으로 약속 장소에 이르니, 무거운 배낭을 멘 등산복 차림의 아낙이 달려와 우리를 얼싸안는다. 지난 시절 30대의 처녀 전도사는 중년의 아줌마로 변해 있었고, 우리도 가을 나이로 접어들었지만 마음만은 그 시절 그대로였다. 그 어느 봄, 낙성대 꽃밭에서 활짝 웃으며 찍은 사진처럼.

바람결에 몸을 흔드는 억새 사이로 좁다란 길을 걷다가 쉼터의 벤치에 앉아 서로의 얼굴을 마주본다. 누구에게나 고난의 삶 없을까만, 전도사님의 결혼초기 생활은 퍽 고달팠었나보다. 그가 쉴 새 없이 쏟아놓는 지난날의 애환에 고개를 끄덕이며 안타까워하고 아파하다가도, 어느 대목에선 그 솔직한 어투에 박장대소를 하기도 했다. 많은 어려움을 잘 이겨내고 지금은 대학생 남매의 엄마로, 장로님의 아내로, 열심히 살고 있는 그의 모습은 복음 전파에 열중하던 그때 못지않게 보기 좋았다.

아름다움에 이르는 길은 그 과정이 어렵고 힘들기 마련이다. 여기 '하늘공원'도 퀴퀴한 냄새 진동하던 전날의 쓰레기 더미가 지금의 생태공원으로 바뀌기까진 얼마나 많은 고통과 인내의 손길을 거쳤겠는가. 온갖 오물을 깊이 묻어 푹푹 썩히고 삭혀서 순화된 새 터를 일궈냈다. 그 땅속 독한 가스는 뽑아내어 에너지 자원으로 활용도 하고. 멀리 제주에서까지 옮겨온 억새를 정성 모아 심고 돌보아, 오늘 이토록 아름다운 모습으로 탈바꿈시킨 게 아닌가.

억새를 반짝이게 하는 햇살은 무언가 날카로운 것이 되어 나를 찌르는 것만 같았다. 오랜 세월의 풍화를 거치지 않고도 쓰레기 산을 이토록 아름다운 공원으로 변화시켰는데, 하물며 '마음'이라는 신비의 무기를 가진 인간임에랴. 나는 지금 창조주가 바라는 모습으로 존재하고 있는 것일까.

마음 하나 독하게 먹으면 불가능을 가능케 하는 게 사람이다. 절망의 장애를 딛고도 인간 승리를 일궈내는 모습은 가륵하다 못해 숙연해진다. 어찌하다가 죄의 늪에 빠져 타락했을지라도 절대로 사람을 포기하진 말 일이다. 우리는 역사 속에서 보았고, 동시대인의 간증을 통해서도 수없이 듣는다. 버림받은 인생에서 새롭게 변화 받아 귀하게 쓰이는 감동의 인물들을….

구약 성서 속의 다윗을 생각해본다. 오직 믿음으로 골리앗을 굴복시킨 순연한 목동, 그도 권세를 쥐자 돌변한다. 자기의 충성스런 장수의 아내와 간음하고, 그녀의 남편마저 죽게 한다. 그 무서운 죗값으로 갖은 화를 당하면서 그제야 하나님 앞에 엎드려 피를 토하는 회개로 용서를 받게 된다. 전날의 비열했던 다윗이 새사람으로 거듭나서 하나님 마음에 쏙 드는 성군되어, 영향력 있는 군주로 고상한 시인으로, 비파와 거문고를 타면서 하나님을 찬양하였으니, 이보다 더 놀라운 변신이 있을까. 그의 자손 중에서 구세주가 태어나는 영광까지 누리게 된 다윗. 하나님이 그를 버리지 않고 끝까지 사랑과 용서로 돌보셨음이다.

쓰레기 산이 변하여 '하늘공원'으로 새롭게 탄생했듯, 인간도 전날의 추함을 벗고 새 모습으로 거듭남은 귀하고 거룩하다.

저절로 되겠는가. 자기의 피맺힌 반성과 노력, 그리고 끊임없이 타이르고 선도하는 주변사람들의 관심이 어머니의 뜨거운 눈물기도처럼 사랑으로 흠뻑 적셔야만 가능하리라.

아름다운 공원길을 천천히 걸어 나오며 많은 생각을 하게 된다. 가을 나무처럼 물들어가는 우리의 세월이 아쉽기만 하다. 우리들 속내를 읽은 듯 자연이 스승 되어 타이른다. 말끔하게 다시 태어난 여기 '하늘공원'처럼 그대들도 끊임없이 아름다운 변신을 꿈꾸며 살라고. (2007)

민들레 찬미

그의 노란 빛깔은 달빛에서 얻어냈나 태양에서 물들였나. 생긋이 웃으며 초봄을 열고 무성한 여름 거쳐 늦가을까지 끈질기게 피어내는 생명력. 하얗게 늙어가며 낙하산처럼 부풀린 씨방마저도 그윽하게 아름답다.

내 유년의 봄, 보리밭 매는 엄마를 찾아 아장아장 걸어가던 밭둑엔 민들레가 지천으로 피어있었다. 한 움큼 따서 엄마의 쪽진 머리에도 꽂고, 내 옷 단추 구멍에도 끼우며 좋아라고 깡충거렸다. 그 시절, 초라한 무덤가의 자줏빛 할미꽃, 가난한 들녘을 분홍으로 물들였던 자운영이 먼 향수 속으로 사라져간 지금도 민들레는 여전히 내 곁에서 웃고 있다.

어느 해 가을, 우울한 내 입원실 창밖으로 시선을 던졌을 때 높다란 돌 축대 틈에서 생명의 환희를 일깨워주던 민들레, 그의 노란 미소는 큰 위로였다. 성전 뒤뜰 메마른 땅에서도 무리지어 창조의 주인을 노래하고, 달리는 차창 밖 먼지와 소음의 길가에서도 예쁘게 반겨준다.

영토가 아무리 척박해도 뿌리내릴 한 줌 흙만 있으면 족하다. 햇볕 조금 드는 곳이면 낮은 하늘도 괘념치 않는다. 그저 어미 품 같은 땅에 납작 엎드려 활기차게 제 삶을 펼친다. 밟혀도 밟혀도 잠시 간지럼을 이겨내듯 툭툭 털고 일어나 올망졸망 꽃망울을 맺는다. 시골 아낙처럼 억척스런 삶, 고귀한 가문의 마님과는 거리가 먼 서민적 풍모다.

땅속 깊이 내린 뿌리는 끈끈한 젖을 듬뿍 지니고 있어, 후대를 위한 자양분의 보고다. 꽃은 고운 자태로, 잎은 식용으로, 뿌리는 약용으로 내어주는 국화과의 다년생 초본인 민들레. 들어내어 풍기지 않는 향기도 간직했을까. 더러는 벌 나비도 찾아든다. 가까이 귀 기울이면 오묘한 이야기를 들려줄 듯 정다운 꽃, 나는 그의 쓴맛까지도 사랑한다.

생명은 생명의 희생으로 다시 살아난다. 꽃이 지면서 쭉 뻗어 올린 꽃대에는 하얗게 부풀린 씨주머니가 생긴다. 다음 세대를 위한 열정으로 노년이 빛나는 꽃이다. 종족 번식의 욕망은 가히 폭발적이다. 작은 씨앗은 여린 깃털 날개 하나 달고서 미련 없이 태반(胎盤)을 떠나 저마다의 고독한 여정에 오른다. 노란 꿈 간직한, 암팡진 종자 하나 옮겨줄 바람이라면 어느 바람 날개라도 올라타고 삶터를 찾아 나선다. 그의 영토는 운명적이다. 언제 어느 곳에 떨어져 내릴지 알 수가 없다. 때로는 물 속에 익사하고, 바위에 부딪혀 고사한다. 도시엔 그 작은 씨앗 하나 안착할 흙이 없어 더러는 건물 후미진 모서리에, 보도블록 틈새에서도 피어 안쓰럽게 버텨낸다.

내겐 민들레 기질을 닮은 오랜 벗이 하나 있다. 건강하던 남편이 교통사고로 쓰러지고, 번창하던 사업이 부서지는 고통 속에서도 아이들 삼남매를 잘 길러냈다. 그리고 끓는 열정 틈마다 화선지에 담은 실경 산수화, 인물화, 골고다의 예수 상을 비롯한 여러 점의 성화를 그려, 수차례의 개인전을 연 중견 화가다. 민들레 혼을 지녔을까. 어려움 속에서도 좌절하지 않고 민들레처럼 일어서던 친구. 나는 때때로 그를 통해 나태해지려는 나의 삶을 충전하곤 한다.

자기 나름의 꽃을 피운다는 것은 생의 보람이요, 타인에게도 기쁨을 안겨준다. 돋보이지 않는 내 자리 내가 피어 지킬 때, 사랑과 기쁨이 거기 있음을 민들레꽃에서 배운다.

(2010)

닭에 대한 생각

올해는 정유년(丁酉年), 특히 상서롭다는 붉은 닭의 해다. 그런데, 조류 인플루엔자(AI) 재발로 약 2,500만 마리의 알 낳는 닭이 죽임을 당하고, 여름 들어서는 살충제 계란 사태까지 겹쳐 안타깝기 그지없다.

지나간 시절, 마냥 자유롭고 행복했던 고향의 닭들을 생각해 본다. 나는 특별히 새 종류를 좋아해서 유달리 닭에게 더 친밀감을 가졌다. 날개가 있어도 멀리 날아가지 않고, 그저 맛있는 알을 낳아주는 암탉과 어둠을 가르며 때를 알리는 수탉이 고맙고도 기특했다. 붉은 맨드라미 같은 수탉의 볏과 색스런 꽁지깃, 둥실한 암탉의 몸매, 연노랑 병아리, 그들 모두는 애완용으로도 손색이 없었다.

"꼬끼오~" 홰를 치며 새벽을 알리는 수탉의 드높고도 힘찬 울음, 집집에서 들려오는 그 소리에 부모님은 아침 맞을 준비를 서두셨다. 서서히 아침노을 물들면서 먼동이 터오고, 따스한 햇살이 퍼지면 닭의 우리 문을 열어준다. 싸리 둥우리 속 횃대에서 단잠을 잔 닭들이 꼬꼬거리며 우루루 몰려나온다. 푸성귀와 쌀겨, 잡곡으로 버무린 모이를 그들은 서로 의좋게 부르며 맛있게 먹는다. 건강한 닭들의 하루는 그렇게 시작되었다.

넓은 마당에서 뛰놀던 닭은 때때로 울밑의 흙을 발로 파내어 몸에 끼얹기도 하고, 날개 퍼덕이며 털어내고 또 끼얹으며 마당 구석이 움푹 파이도록 즐겁게 목욕을 했다. 지금 생각해보니 닭벼룩이나 진드기 같은 것이 근지러워 흙 목욕을 아주 개운하게 했던 게다. 자기 조상들처럼 흙 목욕을 허하라고 좁은 철제 안의 닭들이 울부짖을 것만 같다.

헛청의 시렁에 매단 푹신한 짚 둥지엔 알을 품고 있는 암탉이 뜨거운 인내로 스무 하루 동안을 열심히 견뎌낸다. 행여 방해물이 있을세라 매서운 눈초리로 주변을 노려본다. 또 다른 둥지에선 알 낳았으니 신선할 때 주인님 잡수시라고 꼬꼬댁 신호를 해준다. 갓 낳은 알을 꺼낼 때의 따끈한 감촉이라니. 무쇠솥의 밥 위에서 쪄낸 달걀찜의 오묘한 맛은 환상적이었다. 큰 함지박에 모아둔 달걀은 10개씩 짚 꾸러미를 만들어, 부모님께선 장날 내어다 팔아 생선 따위를 사오시기도 했다. 알에서 갓 깨어 나온 병아리들이 어미를 졸졸 따르며 삐악거리는 사랑스런 풍경, 제 새끼들 사력을 다해 날개 아래 감싸고, 품고, 모이를 쪼아 먹이는 어미닭의 모성 본능은 갸륵했다. 따스한 양지에서 어미는 연노랑 병아리를 거느리고 마냥 행복했을 터다.

때로 마실 나간 수탉은 가끔 찢어진 맨드라미 볏에 선혈이 낭자하여 들어올 때가 있었다. 이웃집 암탉을 집적대다가 그 집 수탉과 한판 붙어 얻어터지고 쫓겨 온 게 분명하다. 동네 청년들은 심심하면 닭싸움을 시키며 즐기기도 했다. 때때로 닭도 말썽을 부린다. 남의 채소밭에 들어가 파릇하게 자란 상추며 배추 등을 쪼아 먹다가 들켜 주인이 휘두른 장대에 달아나기도 하고, 돼지의 밥을 훔쳐 먹다 꿀꿀 소리에 쫓기며, 마루나 멍석에 버릇없이 똥을 갈기는 녀석도 있다. 하지만 짐승이 하는 짓이려니 하고 상한 마음 잘들 달랜다.

닭은 농가의 영양 보충으로 가장 손쉽게 잡을 수 있는 가축이다. 귀한 손님이오거나, 여름날의 보신으로 삼계탕이나 닭백숙을 하고, 봄을 타는 아이에게 닭죽을 끓여 먹인다. 이렇듯 여러 가지로 인간 생활과 밀접한 닭은 그에 관한 속담도 많다. '닭 소 보듯', '닭 잡아먹고 오리발 내민다', '닭 쫓던 개 지붕 쳐다보기' 등.

인류가 야생 닭을 사육하기 시작한 건 B·C 1700년경 인도 갠지스 강가에서였다. 처음엔 식용보다도 닭싸움이나 시계의 역할을 위한 수단이었던 것 같다. 꿩과에 속한 집짐승의 하나로 밤중에 때를 맞추어 우는 닭. 우리 풍속으로 조상 제사를 닭 울기 전에 지내는 습관도 거기서 비롯된 게 아닐는지. 지금은 각 가정의 편리대로 적당한 시간에 제사를 드리기도 한다.

아침의 메신저인 닭에겐 특히 계유오덕(鷄有五德)이란 게 있다. 중국 한(漢)나라 때 한영이 지었다는 『한시외전(韓詩外傳)』에는 닭의 오덕(五德)으로, 첫째, 머리에 관을 쓴 것은 문(文)이요. 둘째, 발에 갈퀴를 가진 것은 무(武)요. 셋째, 적에 맞서 감투하는 것은 용(勇)이며. 넷째, 모이를 보면 서로 부르는 것은 인(仁)이고. 다섯째, 밤을 지켜 때를 알리는 것은 신(信)이라 했다. 이는 사람이 지킬 오덕이기도 하다.

완전식품으로 사랑받는 계란, 고기로 또는 반려동물로까지도 인간에게 베풀기만 하는 닭이 지금, 큰 수난을 겪고 있다. A4 용지 한 장 크기만도 못한 '철제 우리(battery cage)에 갇혀 날갯짓도 못한다. 살충제를 뿌리지 않으면 진드기의 공격에 견디지 못한다고 한다. 살충제 달걀은 좁디좁은 축사 케이지에서 꼼짝없이 알만 낳다 잡혀죽는 암탉들의 반란 같다. 하지만 어찌하랴. 땅에 풀어서 잘 키운 닭의 알, 즉 동물복지 인증을 받은 농장에서 생산한 계란은 한 개 가격이 600~900원으로 대형마트의 한 개당 230원에 비해 두 세배 비싸서 일반 서민에겐 큰 부담이 되니.

좁은 국토에 놓아서 먹일 넓은 닭 마당 마련할 땅도 부족하고, 주민들도 자기들 주변에 계사가 들어서는 걸 거부할 것이다. 이래저래 닭도 사람도 함께 어려운 지경에 빠져있다. 그래도 어느 만큼의 닭의 자유와 기쁨을 보장해 줘야만 그 대가가 우리에게 돌아올 게 아닌가. 사람의 행복과 닭을 위하여 많은 고민과 연구가 있어야만 할 것만 같다.

닭이 운다. 자기들에게도 생존권을 달라고. '꼬끼오~' 어둠을 가르며 새벽을 알리는 울음이 요즘은 닭의 통곡으로 들려온다.

(2017. 8)

2.

편지가 되었으면

침묵 속의 고향집

- 그곳에서 3박 4일

내 고향 전북 익산엔 증조부로부터 6대째 내려오는 나의 생가가 있다. 그 집은 큰오라버니 내외분을 끝으로, 지금은 대문이 잠겨 있다. 서울에 사는 장조카가 때때로 내려가 살피고 돌보아, 집안은 여전히 정결하고 정원수와 꽃들도 싱싱하긴 하다. 하지만 지금의 깊은 침묵 속에서 지난날 증손 종손 어우러져 살던 시절의 따스함이 얼마나 그립겠는가.

가을이 곱게 물든 어느 날, 동생 같은 조카 딸 자영을 데리고, 80대의 두 언니들을 모시고 남편을 운전기사 삼아 고향길에 나섰다. 언니들은 시들어가는 풀잎에 단비가 내린 듯 얼굴 가득 기쁨이 넘친다. 처녀 시절, 집 앞 못가의 살구나무 밑에서 유성기 틀어놓고 불렀다는 흥부가, 춘향전 등으로 이어지는 노랫가락이 음성 박자 괘념치 않고 마냥 구성지다. 근래, 급변하는 환경으로 고향을 잃어가는 많은 이들을 생각하면, 형제들이 나고 자란 옛집이 아직도 우리를 기다리고 있다는 게 행복하기만 하다.

언제부턴가 고향 마을이 익산시로 편입되면서, 유년 시절 동무들과 쏘다녔던 들녘과 황톳길 산등성이 오솔길이 4차선 도로로 변하여 생경스럽다. 그 길 너머, 우리 집 대숲이 보이자 반가운 마음 한편 울적해진다. 댓잎바람 속살대는 소리뿐 반겨줄이 없는 쓸쓸한 집, 잠긴 대문을 열고자 열쇠를 꺼낸다. 큰오빠께서 세상 뜨기 전, 동생들에게 언제든지 찾아와 정답게 놀다가라고 맞춰준 열쇠다. 집 앞에 이르니 대문이 활짝 열려있다. 전주의 조카가 고모들의 하경 소식을 듣고, 제 아내가 싸준 간장게장과 불고기, 육개장 등을 싣고, 오라버니 모시고 부리나케 달려온 것이다. 90노구의 작은오라버니를 뵈니 눈물 글썽해진다.

일손 바쁜 조카는 곧장 돌아가고, 우리는 고향집에서의 3박 4일을 위한 각자의 보따리를 푼다. 오빠는 두툼한 신간 『설화가 따르는 우리 익은말 사전』을 나눠주며 "이게 마지막 책일는지 몰라." 그러신다. 슬퍼지려는 마음을 감추고 우리는 오빠의 오랜 열정의 결실에 뜨거운 박수를 드렸다. 책에 서명을 요구하자 힘없는 손이 떨려 어린애 글씨 같다.

젊어서 홀로되신 우리 할머니는 삼대독자 아들에게서 손자들이 태어날 때마다 덩실덩실 춤을 추면서, 당신의 외며느리를 복덩이라고 아끼셨단다. 세 분 오라버니 중 홀로 남은 작은오빠는 안타깝게도 올해 들어 기력이 무척 쇠잔해지셨다. 생명 있는 모든 존재는 아니, 무생물조차도 언젠가는 사라지고 변하기 마련이다.

고향집도 함께하던 사람들의 떠남을 아프게 견뎌내면서, 세월 따라 그 모습도 많이 바뀌었다. 초라하던 증조부의 단칸집은 할머니의 초가삼간을 거쳐, 부모님은 큰아들 장가들이면서 새방, 건넌방 달아내었고, 장성한 오빠들은 내가 고3때 방 여섯에 대청 딸린 청기와 집으로 개조했다. 대청 대들보에 건축 연월일을 쓰신 아버지의 힘찬 붓글씨는 지금도 선명하게 남아 있다. 식구들은 하나 둘 모두 제길 찾아 떠났지만, 조상님들의 숨결 밴 보금자리를 오래도록 간직하고픈 바람은 한결같았다.

장조카는 텅 빈집을 수리하면서 지하수는 상수도로, 작은 방들은 터서 시원스레 넓히고, 대청은 식당으로, 창엔 블라인더를, 옛날 공부방은 거실로 꾸며 응접세트를 들이는 등, 반 서구식 주택으로 꾸몄다. 그렇지만, 깊은 침묵 속의 적막감이야 어찌하겠는가.

마을에도 사람이라곤 보이질 않는다. 옛 초가는 울긋불긋한 양옥으로 단장하고 노인들만 방안에서 TV로 소일할 뿐, 젊은이는 모두 도시로 떠났다. 교실이 모자라 수십 명이 한 반에서 웅성댔던 나의 모교도 폐교 직전이라니 쓸쓸하다. 아무 소리

들리지 않는 마을을 둘러보며 여기는 누구네 집, 저기는 누구네 집, 옛날을 짚어본다. 골목마다 아이들 소리 넘쳐나고, 우물가 고목을 타고 주황색 능소화가 흐드러지던 여름날, 두레박 물 퍼 올려 푸성귀 씻으며 떠들던 아낙들 웃음소리, 누런 벼논에 무리지어 내려앉던 새떼들 훠이훠이 쫓던 소리, 꼬끼오 꼬꼬 닭, 꿀꿀 돼지, 멍멍 개, 음-메 송아지, 그 많던 소리들은 다 어디로 사라졌나.

상추, 쑥갓, 아욱, 대파, 실파, 부추, 파릇파릇 정답던 우리 남새밭도 지금은 정원수가 대신하고 있다. 미꾸리, 송사리 노닐며 향 짙은 야생 찔레랑 하양 노랑 인동덩굴 우거졌던 웅덩이는 텃논의 급수시설로 확장되면서 한 시절의 소임을 끝냈다. 이젠 '망월담'이란 세련된 이름에 걸맞게 분홍빛 수련이 꿈꾸는 듯 저희끼리 피고진다. 연못가 은빛 금빛 사시나무 그림자는 그림 같은 자태로 물속에 물구나무 서 있는데, 오늘은 두 노인네가 낚싯줄을 던지고 말없이 찌만 바라본다. 이 모두가 어릴 적 그림에서나 보던 서구의 목가적 풍경인데, 궁색했지만 왁자지껄 모여 살던 그 정경을 나는 그리워하고 있다.

추억을 간직한 이 터에만 오면, 형제들의 시간은 시공을 건너뛰어 저마다의 그 시절로 돌아간다. 철없이 젊어지는 것이다. 형제들의 나이 터울 따라 더러는 들어서 아는 것도 있고 함께 공유하는 추억도 많다. 통통배가 떠다니던 마을 주변이 막내인 내가 태어나던 해 농지로 분할되어 우리도 논을 사게 되었다느니, 어렸을 적엔 부잡스럽기 그지없던 작은오빠가 자전거를 타다가 간장 담근 큰 독을 박살냈다느니, 순둥이 큰언니, 울보 작은언니, 큰오빠의 만주행, 막내오빠의 절절한 미담, 아버지의 '精神一到何事不成' 교훈, 어머니의 손금 망가진 갈퀴손, 솜씨 좋은 큰올케, 성인군자 같은 작은올케. 그리고 올망졸망 조카들에 이르기까지 웃음과 눈물 자아내는 그 많은 이야기들. 이도 우리 세대가 떠나고 나면 함께 사라지게 될 것이다.

가을 볕 노란 마당가에 발갛게 익어가는 두 그루 감나무가 곱다. 자영 조카는 망 달린 긴 장대를 찾아 들고 고운 열매 흠 없이 따보려고 애쓰지만 연신 떨어트린다. 그도 60고개 넘은 할머니가 아닌가. 언니들은 감잎을 쓸어내려고 해진 소쿠리와 모지랑 비를 들고 나오셨다. 전부터 낯익은 도구들이다. 많이 버리고, 태우고, 정리했지만, 아직도 집안 곳곳엔 가신 이들의 손때 묻은 물건들이 남아있다. 헌 절구, 양은 들통, 녹슨 무쇠솥…. 깊은 정적 속 뒤란의 장독대는 크고 작은 독들이 옛 모습 그대로인데, 장독대 앞 붉은 맨드라미, 봉숭아꽃 자리엔 마른 댓잎만 수북이 쌓여 있다.

추억의 옛것들 중, 장조카의 손을 거쳐 근사한 앤티크로 격상된 것은 각기 메모를 달고 거실에 보기 좋게 진열되었다. 등잔 2개, 놋그릇, 아버지께서 효자 상으로 받은 유기반상기, 할머니로부터 내려온 다듬잇돌과 방망이, 되와 말, 장작 패던 도끼, 맷돌, ㄱ자형의 큰 자, 녹슨 칼, 볏가마니 달던 쇠 저울,

참빗과 얼레빗, 인두와 숯다리미, 바디, 혈육들의 저서, 14세 때로부터 91세 돌아가시기 직전까지 쓰신 큰오라버니의 일기장, 그 옆 액자 속의 '1990.3.12. KBS 2TV 11시에 만납시다' 라고 적힌 사진은 그 프로에 초대받아 일기장을 싣고 상경한 오빠께서 김동건 아나운서와 대담하는 장면이다. 경주김씨 족보는 물론이요, 누렇게 빛바랜 초등학교 교과서까지도 잘 보관되어 있다. 약사 직 틈틈이 큰조카가 그린 풍경화들을 그린 연도 따라 나름대로 감상도 해보고, 다시 어머니 아버지의 초상화 앞에 서서 속으로만 목이 메게 불러도 본다.

고향집에서의 3박 4일이 훌쩍 지났다. 벽시계 댕 뎅 소리에 눈을 떠보니 새벽 4시 반이다. 전 같으면 언니들이 먼저 일어나 서두르련만, 귀 어둔 두 분은 숨소리마저 고요히 잠이 들었고, 잔심부름에 고단했던지 자영 조카도 쌔근쌔근 단잠에 빠져 있다. 건넌방의 오라버니와 남편도 기척이 없다.

나는 마루 유리창을 가만히 밀고 마당으로 나왔다. 초가을 공기가 산뜻하다. 어둠 속에 붉은빛이 강렬한 임상교회의 십자가 불빛만이 더욱 고적해 보인다. 정원수 밑 군데군데 박아놓은 태양열 등은 먼 이국의 정취를 자아내고 있다. 고개를 한껏 젖히고 하늘을 올려다본다. 초롱초롱 수많은 별들, 국자 모양의 북두칠성, 또렷한 몇몇 별자리들, 하늘은 예 보던 그대로이다. 하릴없이 넓은 마당을 서성이노라니 어머니의 발걸음 소리가 환청으로 들려온다. 첫새벽부터 부엌으로, 곡간으로, 텃밭으로, 잰걸음 동동거리시던 어머니. 깊은 정적 속에 근원적인 물음이 꿈틀댄다. 너는 누구며, 어디서 와서, 어떻게 살고, 어디로 가는지….

동녘이 훤해지자 이름 모를 새소리가 고요를 조금 흔들고 지날 뿐, 사위는 다시 조용하다. 간단한 조반 후, 집안을 말끔히 정돈하고 대문을 잠갔다. 정든 집을 뒤돌아보며 근처의 선영에 들러 준비한 조화를 묘소 앞 화병 마다 꽂아놓고 묵념을 올린다. 부모님의 혼이 배인 고향집, 그리고 모두가 잠들어 계신 이 선산, 자주 찾아뵙겠다고 다짐해본다.

가을볕 아래 한층 적막한 선영을 뒤로 하고 우린 말없이 차에 오른다. 오빠 언니들이 눈비 맞으며 다녔다는 '팔봉초등학교'를 지나, 금마에서 전주행 오라버니와 작별해야만 했다. 내년 봄 따스할 때 다시 만나 고향집의 외로움 함께 달래줄 수 있기를 바라면서….

(2010)

노목(老木)의 치유

온 누리엔 생명의 봄기운이 꿈틀대기 시작하는데, 한 그루 노목이 뜻하지 않은 질고로 신음하고 있다. 나는 졸지에 그의 보호자와 간병인이 되었다. 자유롭고 평온하던 일상은 오직 쾌유를 위한 일념의 긴장으로 바뀌었다. 머리 허연 남편을 수발하면서 나는 왜 고향 대숲 옆의 해묵은 밤나무를 떠올렸을까.

친가의 뒤뜰엔 선친이 심은 밤나무 묘목 한 그루가 청청한 성목이 되어, 5월이면 짙은 꽃 향기 날리고, 가을엔 알밤 툭툭 쏟아냈다. 그도 우리들의 젊은 날이 가버리듯 세월의 풍상 겪어내며 구멍 숭숭 노쇠해갔다. 하지만 관심 밖으로 밀어내지 않고, 삭은 가지 잘라주고, 병든 옹이 소독하고, 사랑의 삽질로 거름 묻어 정성껏 돌보더니, 소생한 가지마다 꽃을 피워 아직도 가을철 알밤 줍는 재미가 쏠쏠하다. 생명이란 그토록 갸륵한 것. 어찌 사람의 돌봄 만이었겠는가. 하늘에서 내린 따스한 햇볕과 이른 비와 늦은 비의 은택에, 살랑살랑 바람 손길로 치유되어 남은 소임을 다하고 있는 게다.

2013년 2월은 우리 부부가 50년의 봄을 함께 맞는 달이다. 성격도 취미도 전혀 다른 두 사람이 희비고락 같이하며 별 탈 없이 반세기를 함께 해왔다는 것, 그도 축하받을 일 아닌가. 금혼 맞이 기념으로 우리는 즐거운 나들이 계획을 짜기 시작했다. 태평양의 낙원이라는 하와이를 찾아 느긋하게 황혼의 낭만을 즐기고, 미국의 아들네로 가서 손자 놈의 재롱으로 한 달쯤 보낸 후, 큰딸네가 사는 캐나다의 토론토로 건너가 외손주들 앞세워 그곳도 둘러보고, 서울에 돌아와선 막내딸네의 환영 속에 그간의 이야기보따리를 풀어놓으리라. 비행기 예약 날짜를 잡으며 청춘인 듯 설렜다.

그런데, 예상치 못한 장벽이 가로막을 줄이야. 남편은 평소에 속이 쓰리다거나 소화 안 된다는 말 한 적이 없었다. 건강검진도 빠짐없이 받아왔다. 요즘 들어 밤이면 어딘가 좀 답답하다기에, 운동 과로일거라며 대수롭잖게 여겼지만, 여행을 앞둔 터라 진찰을 받아보기로 했다. 한날, 외출에서 돌아오니 소파에 힘없이 기대앉았던 남편이 "위암이라고 보호자와 함께 빨리 병원으로 나오라네." 그런다. "뭐라고요?" 숨 가쁘게 묻는 내 가슴이 철렁했다. 도저히 믿기지를 않았다. 무언지 모를 먹먹한 기분으로 마음속 충격을 애써 감추고 "요즘 의술 좋으니 수술 잘 받으면 되지요."라고 힘주어 말했다.

무거운 발걸음 서둘러 입원수속을 했다. 보호자란마다 나의 서명은 필수다. 일 많고 가난하던 젊은 날, 젖먹이까지 딸린 어미는 양쪽 신장 속의 결석이 말썽을 부려 혈뇨를 쏟으며 고열과 통증으로 몸부림칠 때, 남편은 늘 나의 보호자였다. 병원을 향하여 나를 업고 택시를 잡으려고 밤길을 헤맨 적도 있었다. 큰 수술로 결석을 제거하고도 한동안 병원을 들락거렸다. 행여 어린것들 두고 잘못되지나 않을까하는 절박감으로 불안했다. 지금은 내 아이들의 아버지가 아프다.

남편은 38년간의 공직생활을 퇴임한 후, 활기차게 자기의 취미생활을 즐겼다. 등산, 낚시, 골프뿐만 아니라 문화센터의 가곡 부르기에도 심취하여 악보와 가사를 베낀 쪽지가 수북이 쌓였다. 새벽이면 도림천변에 나가 목소리 돋워 노래 연습을 했다. 그의 애창곡인 '그리운 금강산'은 친지들 모임에서 앙코르 받기 일쑤였다. 아들은 전화 중에 "지금은 장수시대니 120세까지 사셔야 해요."라면, 아버지는 "그래야 할 것 같다."고 흔쾌히 응수하곤 했다.

진정, 한치 앞도 모르는 게 사람의 일이다. 막내딸 내외가 달려오고, 먼 바다 건너 아들과 큰딸 가족의 목소리가 전화선을 타고 애달파한다. 급기야 아들은 먼 하늘 길 날아와 주치의까지 만났다. 이젠, 자녀들이 부모를 염려하니 젊은 엄마의 병상에 비하면 얼마나 안온한가. 쫓기고 구속받을 것 없으니, 이도 나이 듦의 덕이라 여기며 나는 차츰 담대해졌다.

남편은 무려 7시간의 대수술을 받으며 위장, 비장까지 들어내야 했다. 그 암덩이를 몸속에 지니고, 어떻게 그리 활기찬 생활을 해올 수 있었는지, 믿기지 않는다. 이참에 우리 마음속 어느 구석에 쌓인 찌꺼기들도 깨끗이 도려냈으면 싶었다.

수술 후 셋째 날인 2월 28일은 쉰 돌을 맞는 결혼기념일이었다. 꽃그림 카드에 쾌유기원의 간절한 문구를 적어, 침대머리 쪽 수납장 위에 올려놓았다. 남편은 말없이 엷은 미소로 답한다. 지금은 빠른 회복만이 내게 주는 최상의 선물, 그가 의지할 수 있는 가장 편한 상대가 되어 수발할 수 있다는 게 고마울 따름이다. 몸에 주렁주렁 매달린 것들을 조심스레 다루며 걷기 운동도 시키고, 들숨 날숨 크게 쉬라고 호통도 친다. 살아온 세월만큼 맺은 인연도 두터워, 원근 각처에서 찾아드는 친지들 맞음도 신경 쓰이는 나의 일과다. 고맙고, 죄송한 마음 그지없다.

정작, 투병의 험산은 퇴원 후부터였다. 79년 동안 식도를 통과한 음식물을 힘써 맷돌질 해주던 위를 잃었으니, 얼마나 힘들고 고통스러우랴. 잘려 나간 장기들에도 제대로 돌보지 못한 책임 고개 숙여 사죄할 일이다. 수술 후 한 달가량은 하루 여섯 번씩 죽을 들어야 한다. 게다가 힘든 항암치료가 시작되면서 급격한 식욕 감퇴로 몸은 야위고, 목소리마저 가늘어졌다. 끊임없이 괴롭히는 여러 증상을 사투하듯 견뎌내며 의사의 지시는 성실히 따른다. 예민해진 신경으로 종종 옆 사람을 고깝게 할 때가 있지만, 왜소해진 모습에 연민이 앞서 화를 낼 수도 없다. 식사 때면 어린애 다루듯 "천천히, 꼭꼭 씹어, 조금씩"을 읊어대며 자아도 다독여 치유해야 한다.

건강할 땐 몰랐다. 우리가 일상으로 취하는 알록달록 무지갯빛 식물들이 그토록 사랑스럽고, 그렇게 많은 항암성분을 가지고 있으며, 들에 지천인 쑥, 쇠비름, 민들레, 망초까지도 약이 된다는 사실을. 이제는 음식에 대한 태도가 매우 진지해져, 신선한 재료를 골라 맵고 짜지 않게, 소화흡수 잘 되도록 데치고, 찌고, 갈아, 정성 다해 요리한다. 매사에 인내와 사랑의 처방은 높일수록 좋을 게다.

문병 오신 목사님은 말씀하셨다 "환란도 때로는 축복이다."라고. 전에는 상대의 아픔이 더 큰 나의 고통이 된다는 사실도, 이웃과의 유대 속에 내가 있어 큰 사랑을 받으며 살고 있음도 깊이 헤아리지 못했다. 나는 결코 잊지 않을 것이다. 교우와 친지들의 정성어린 물심의 사랑을. 이 병고 거치면서 보다 너그럽고, 따뜻하고, 겸손해진다면, 돌봄을 받는 이나, 돌보는 자나, 함께 치유되고 있음이다. 건강할 땐 사소한 의견 충돌에도 화를 내고, 속을 끓이던 옹졸함이 한 생명의 존재 앞에 얼마나 가소로운 일인지 '쿵' 하고 깨어지는 느낌이다.

사람의 병이 어찌 의술과 치료행위만으로 고쳐질 수 있을까. 본인의 의지와 인내, 가족과 이웃의 끊임없는 관심과 사랑, 그리고 하늘의 돌보심이 함께하여야 하리라. 그동안 자아만을 위하여 내달려온 삶, 치유의 자리에 멈추어 서서 돌아보고, 둘러보고, 내어다본다. 때로, 폭풍우를 통하여 뒤집어지고 정화되는 바다처럼, 이 풍랑 잘 이겨내어 남은 여정 아름답게 마무리하길 기원한다.

(2014)

편지가 되었으면

오랜만에 단비가 내린다. 아파트길 양편에 목이 타던 가로수가 초록빛 환성을 질러댄다. 길모퉁이에 쓸쓸이 서 있는 빨간 우체통도 빗물에 씻겨 한결 말끔하다. 나는 길가의 우체통을 볼 때면 괜히 민망한 생각이 든다. 요즘엔 거기 편지 넣는 사람이 없어, 규범상 점검할 뿐이라는 집배원의 이야길 들은 적이 있다. 그 곁에 나란히 서 있던 공중전화 부스가 슬그머니 사라진 걸 보면, 이 우체통도 그리 될 날 오지 않을까.

하릴없이 서 있는 우체통을 보며 문득 편지쓰길 떠올린다. 근 10년 동안 매주 월요일이면 언니들과 점심을 같이하며 환담을 나누곤 했었는데, 지난해 봄 큰언니가 돌아가시자 작은언니도 시름시름 앓기 시작했다. 조카들은 단양의 산골에 마련한 전원주택으로 언니를 모셔갔다. 귀가 어두운 언니와의 전화 소통이 힘들어 조카를 통해서만 안부를 묻고 전하자니, 허허롭기

이를 데 없었다. 그런데, 이제야 편지쓰길 생각해 내다니….

젊은 날, 그토록 편지에 연연했던 내가 언제부터 '편지'라는 낱말을 잊고 살았을까. 근래 인터넷과 모바일로 연결된 세상에서 서투른 대로 차츰 거기에 맛들여, 내 책상에도 컴퓨터가 버텨 앉아 있고, 손엔 휴대폰이 들려있기 일쑤니, 손쉬운 방법만을 택했을 게다. 정작, 언니의 답답함은 오죽했을까. 큰언니와의 이별에 이어, 짝 잃은 이 동생이 안쓰러워 또 그토록 눈물짓던 언니였는데.

나는 손을 깨끗이 씻고, 하얀 종이를 펼쳤다. 눈시울이 후끈해진다. 아날로그적 감성의 자극이었을까. 기도하는 심정으로 펜을 들었다. 거기 별방산골의 맑은 공기가 보약이 되고, 내리쬐는 햇살이 치유의 광선되어, 언니의 병환이 속히 회복되길 간구하며 편지를 맺는다. 봉투 안에 300원짜리 우표 몇 장과 규격봉투도 챙겨 넣었다. 우체국 가기가 불편한 산골이니, 언니의 답신은 집배원께 직접 건네면 편리하리라 생각되어서다. 곧장 나가 가로수 밑 빨간 우체통에 편지를 넣었다. 편지를 주고받을 수 있는 언니가 이 땅에 계심이 참으로 감사했다. 내 편지는 사나흘 걸려 언니에게로 가는 동안 한결 익어서 도착될 것이다.

이른 나이에 결혼한 작은언니는 편지 쓰기를 무척 좋아하셨다. 고향을 그리는 절절한 사연은 사춘기 소녀인 나를 눈물나게 했다. 타향살이의 언니오빠들 편지에 답장 쓰기는 언제나 막내인 나의 몫이었다. 농사에 고달픈 부모님의 소식, 고향 들녘에 피고 지는 야생화, 철따라 우는 뻐꾸기, 산비둘기, 기러기, 장끼의 소리까지 곁들였다. 그때마다 작은언니는 긴 답장을 보내오곤 했다. 더러 부친께서 띄운 한문체 서신보다 철부지 나의 글이 더 정다우셨던가. 그 시절의 나는 이웃집 할머니와 아주머니의 객지 자녀들에게 띄우는 편지 대필까지도 하게 되었다. 아마도, 나의 글쓰기는 중학교 때의 편지쓰기에서 비롯된 거라 생각된다.

마음과 마음을 이어주는 편지. 이는 내 젊은 날의 자취 따라 색깔도 종류도 다양해져갔다. 심금을 털어놓은 친구들의 편지, 제자들의 풋과일 같은 글귀, 연인과의 오묘한 무지갯빛 사연. 어떤 편지는 읽고 또 읽고 되풀이 읽었으며, 밤을 지새워 쓰기도 했다. 커다란 가방을 어깨에 들쳐 멘 집배원의 "편지요." 이 한마디는 얼마나 가슴을 설레게 했던가. 시집 올 때 나의 혼수 속엔 편지다발도 한자리를 차지했었다.

그동안 질풍처럼 달려온 세월에 편지의 주인들도 하나 둘 세상을 떠나갔다. 지난 봄, 나는 세상 뜬 남편의 흔적들을 정리하면서 오랜만에 편지 상자도 꺼냈다. 결혼 전 주고받은 편지 뭉치가 청실홍실로 곱게 매어 있었다. 누렇게 빛은 바랬지만, 아직도 온기를 지닌 듯해 차마 사르지 못하고 그대로 두었다. 생의 어느 날, 다시 한 번 조신하게 읽어보리라.

편지의 진실한 호소는 강한 힘을 발휘한다. 영국시인 브라우

닝의 끈질긴 편지는 차가운 여인 엘리자베스의 가슴을 녹이고, 그녀의 불면증과 가슴앓이까지도 치유하여, 당대 제일의 시인 부부가 되게 하지 않았던가. 혈혈단신 남하하신 우리의 수필 스승님도 인삼골 여선생과의 '해바라기 편지'로 연을 맺어, 그 토록 다복하게 사심은 잘 알려진 이야기다.

지금은 스마트폰이 모든 걸 지배하는 세상, 디지털 화면으로 얼굴을 마주보며 대화를 나눈다고 좋아라한다. 하지만, 구구절 절 편지의 행간마다에서도 상대방 마음을 읽을 수가 있었고, 얼굴 표정까지도 환하게 보이던 것을…. 전기밥솥으로 간편하고 빠르게 지은 밥보다 장작불 세게 약하게 미어가며 천천히 뜸 들인, 윤기 자르르한 밥이 생각날 때가 있고, 커다란 무쇠 솥에 계란찜, 풋고추된장찌개, 애호박, 가지 등을 쪄내어 담백하게 무친 찬이 그리울 때가 있다. 원초적 아날로그 삶에 익숙한 세대의 향수이리라.

단양의 언니께 제1신을 띄운 보름쯤 후, 정다운 필체의 답신을 받았다. 문자메시지와 이메일로 소통되는 차갑고 빠른 세상에, 느릿하게 찾아온 언니의 손 편지는 가슴을 뭉클하게 했다. 병약하신 언니의 애절한 숨결을 느끼며 읽어 내리는 글귀마다 이슬이 맺힌다. 읽고 쓰길 좋아하시던 언니, 나는 좀 더 길게, 밝고 희망찬 문구로 두 번째의 편지를 올렸다. 그렇게 제3신, 4신으로 이어진 나의 서신에, 보름쯤이면 어김없이 언니의 절 절한 답장이 찾아왔다. 그렇게 계속되던 언니의 편지는 2015

년 11월 28일자 제7신을 마지막으로 끊겼다. 마른 잎처럼 사위어 가는 몸으로 더는 쓸 기력이 없으셨기에. 언니의 회복을 빌고 또 빌면서 나의 편지는 제11신까지 계속되었지만, 2016년, 봄꽃 흐드러진 4월에 언니는 하나님 품으로 떠나셨다. 소인 없는 나의 편지를 먼 하늘나라로 띄워도 찾아갈는지….

나에게 있어 '편지'란 따스함, 기쁨, 그리움, 애틋함, 고향, 사랑, 그리고 오묘함까지도 느껴지는 낱말이다. 거침없이 흐르는 세월에 그냥 흘러버리지 말고, 이제라도 봄볕처럼 따스한 편지가 되고 싶다. 그리하여 메마른 땅에 단비처럼 외로운 가슴들 속에 촉촉이 스며들었으면….

(2015)

봉숭아 꽃물

2014년, 폭염도 주춤해진 여름의 끝 무렵이다. 빨갛게 꽃물든 교우의 손톱 열개가 자석처럼 나의 시선을 당겼다. 그의 손을 잡고 봉숭아물이 예쁘다 했더니, 그 다음주일에 한 움큼의 봉숭아 잎을 구해왔다. 꽃이 없어 잎만 따왔다며 잎도 물이 잘 들고 색이 더 오래간다고 했다. 그 마음 생각하고 정성껏 꽃물을 들이기로 한다.

봉숭아는 내게 그리움을 펴 올리는 애틋한 꽃이다. 잘 찍힌 사진 한 장처럼 선명하게 기억되는 어릴 적 추억. 초가 마을엔 굶주리고 헐벗음 속에서도 집집마다 봉숭아, 채송화, 나팔꽃, 맨드라미가 방긋방긋 웃고 있었다. 특히, 우물가나 장독대 앞에서 분홍, 빨강, 하양, 보라로 어여쁘게 반겨주던 봉숭아. 가끔, 언니들이 '울밑에선 봉선화야 네 모양이 처량하다. 길고 긴 날 여름철에 아름답게 꽃필 적에, 어여쁘신 아가씨들 너를 반겨 놀았도다.' 구슬프게 목청을 돋울 때면, 울 밑의 봉숭아는 금시 망울망울 눈물을 짓는 것 같았다.

나는 봉숭아 꽃 반죽을 만들며 70대의 소녀가 된다. 오지그릇에 퍼런 봉숭아 잎과 소금, 백반을 넣고, 켜켜이 감겨온 내 삶의 나이테도 몽땅 풀어 담았다. 작은 나무방망이로 쿵쿵 짓이겨 찧은 반죽이 차지다. 힘겹게 저녁상을 물린 남편은 비스듬히 소파에 기대어 있다. 생기 잃은 한 그루 노목 같아 연민이 인다. 2013년 2월 3일, 경천 엘리야회 헌신예배의 밤 '내 주를 가까이'를 넷이서 4중창으로 부를 때 그의 모습은 얼마나 활기에 찼던가. 그 20여 일 후, 꿈에도 생각지 못한 위암 수술을 받고 두 번째 맞는 여름이다.

유독 가곡 부르길 즐기던 남편은 문화센터에서 자기의 애창곡인 '그리운 금강산'을 멋들어지게 발표하기도 했다. 그때의 열정적인 모습을 인터넷에 올려 아들딸들에게 보내며 노익장임을 과시했건만…. 거실엔 테너 엄정행의 노래가 연속 흘러나오고 있다. '옛 동산에 올라' '동심초' '비목' '떠나가는 배'를 지나 김소월 작시의 '못 잊어'로 이어지는 곡마다 애절하다. 나는 무심한 척 비닐 랩과 무명실, 가위를 챙겨 그이 앞에 놓았다. 손톱마다 꽃 반죽을 올려놓고 까칠한 나의 두 손을 내밀었다. 남편은 가느다란 미소를 보이며 "어린애 같긴…." 낮게 한마디를 한다. 무슨 생각을 하고 있는지, 더는 아무 말 없이 느릿한 동작으로 나의 손가락 열 개를 랩으로 감싸 실로 칭칭 매준다. 둘의 함께한 세월,

반세기의 쌓인 정도 그렇게 칭칭 동여매었다.

나는 실의 매듭이 풀릴세라 조심스럽게 양 손을 가슴에 올린다. 잠을 청했으나 생각은 초롱초롱 어제와 오늘을 넘나든다. 이 시간, 나는 왜 항암치료 중인 남편의 손을 빌려 봉숭아 꽃물을 들이고 있는 걸까. 일년을 잘 버텨온 남편이 올해 들어선 자꾸만 먼 길 떠날 채비를 서두르는 것 같아 서럽다. 사라짐의 냉혹함에 대들어 변치 않을 인(印)을 찍어두려는 심산으로, 그렇게 뼈끝에 빨간 꽃물을 들이고 있는가.

회색빛 사념의 틈새로 세월 저쪽이 미소 지으며 달려온다. 내 유년의 여름밤, 검푸른 하늘엔 무수한 별들이 반짝였지. 더러는 정처 없이 유성이 흐르고, 맴맴 쓰르르 초저녁 매미소리, 컹컹 개 짖는 소리. 너른 마당의 멍석 위엔 꼬맹이 조카까지 4대나 되는 대가족이 모여 들었다. 피붙이들이 꽃밭인 양 즐거운 할머니는 커다란 키를 들고 매캐한 모깃불 연기를 연신 우리들 쪽으로 날리느라 춤추는 것 같았다. 아버지와 오빠들은 벌건 수박을 들며 이야길 나누고, 여자들은 봉사꽃(고향의 사투리)물들이기에 한창이다. 집안일, 들일에 눈코 뜰 새 없이 바쁜 엄마가 어느 틈에 따서 물기 조금 말린 봉숭아, 그 꽃과 잎을 커다란 양푼에 담고 백반가루, 굵은소금, 숯을 넣어 돌로 으깬다. 엄마는 막내인 내 손톱 위에 맨 먼저 꽃 반죽을 떼어놓고, 아주까리 잎으로 감싸 삼끈으로 묶어주었다. 사춘기로 접어든 두 언니는 깔깔대며 서로 번갈아 매준다. 할머니도 양 엄지발

톱에 꽃물을 들이며 저승길이 밝아진다 하셨다. 오행설에 빨강이 사귀를 물리친다는 데서 유래한 풍속일까. 우리 마을 여자들은 노소 없이 여름밤의 짧은 여유를 봉숭아 꽃물들이며 윤내었다.

남은 꽃 반죽으로 다음날 저녁 한 번 더 물들인 나의 손톱은 태양초 고춧가루 빛깔처럼 한층 고왔다. 생명의 핏빛이 그리웠을까. 남편의 수술 후 싱겁고 허옇기만 하던 식탁에 나의 빨간 손톱은 왠지 생기를 돋우는 것 같았다. 가끔, 내가 장난스레 빨간 손톱을 보이면 남편은 빙그레 웃기만 하였다.

그 여름을 힘들게 보낸 초가을 어느 날, 막내딸 미성은 도라산행 DMZ열차 여행을 제안했다. 아빠도 쾌히 응한다. 예약된 날짜에 서울역에서 만나, 평화 열차에 올랐다. 차창 밖 하늘은 그지없이 맑고 푸르다. 그동안 아버지의 건강상태를 미국과 캐나다의 제 오빠, 언니에게 수시로 알리면서 많은 신경을 써온 막내다. 그들 삼남매 가족들의 끊임없는 관심과 사랑은 병약한 아버지의 큰 버팀이었을 게다. 엄마, 아빠는 딸이 준비해온 간식을 들며 모처럼 소풍 나온 어린애처럼 즐겁다. 미성은 붉은 반달모양의 내 손톱을 들여다보며 "엄마, 봉숭아물 들였네."라며 활짝 웃는다. 이 어미가 제 외갓집 이야길 동화처럼 들려주며 고사리 손에 꽃물 들여 주던 때가 엊그젠데, 어느 사이 대학생 딸들을 둔 40대 후반의 아낙이라니.

여행객들은 도라산역에서 모두 내려, 통일전망대와 평화공원

두 팀으로 갈렸다. 젊은이들은 대부분 전망대로 향했는데, 딸애는 아빠를 생각하고 걷기 편한 '평화공원'을 택했다. 도라산 평화공원은 2002년 부시 미 대통령과 김대중 전 대통령이 방문한 도라산역 개방 시부터 구상되어, 2008년 6월 완공, 그해 9월에 개장된, 통일의 염원을 담은 공원이다. 몇몇 곳을 둘러본 미성과 나는 매점에서 황태 분말수프 쌀국수에 따끈한 물을 부어들고, 볕 좋은 벤치에 앉아있는 아빠 곁으로 왔다. 그날, 남편은 맛있게 쌀국수를 다 비웠다.

돌아오는 길, 공원 초입엔 잡초 속에 꽃 진 몇 그루의 봉숭아가 토실한 씨 주머니를 달고 있었다. 한 개를 건드리니 톡 터져 까만 씨앗이 사방으로 흩어진다. 그렇게 후손을 남기고 사라지는 것. 사람도 이 봉숭아 한 그루와 무엇이 다를까. 아, 아니지. 영혼을 가진 인간은 하늘 본향을 찾아 영생을 누리리라. 나는 그렇게 믿는다.

막내딸과 함께한 초가을의 도라산 나들이는 남편의 마지막 여행이 되었다. 낙엽이 뚝뚝 지는 만추를 힘겹게 넘기고, 그해 겨울, 나의 51년 동반자는 고요히 하늘나라로 떠났다. 이 땅에서 다시는 만날 수 없는 이별의 그날, 내 손톱엔 봉숭아 붉은 꽃물이 그믐달만큼 남아 있었다. 꽃물들이던 그 여름밤의 가녀린 미소처럼….

(2014)

원댕이골의 소녀들

오랜 세월이 흘렀건만 원댕이골의 정경은 아직도 아련한 그리움으로 남아있다. 봄날의 파란 보리밭엔 항시 하얀 수건을 머리에 두른 어머니와 큰올케언니가 밭을 매고 있었다. 엄마 찾아가는 밭둑엔 노란 민들레와 보랏빛 제비꽃이 지천으로 피어 있고, 솔밭의 초라한 무덤가엔 허리 굽은 할미꽃이 애잔했다. 선영의 할머니 산소 뒤 소나무 한 그루는 유난히 키가 크고 가지가 무성하여 남국의 야자수 같은 느낌을 주었다. 여름날의 붉은 해가 지평선으로 넘어갈 무렵, 노을이 곱게 물든 그곳은 우리들의 평화로운 꿈동산. 달이 밝은 밤이면 소나무 밑에 왕골자리를 펴고 아버지의 시조가락도 듣고, 한학에 뿌리를 둔 훈시에 귀도 기울였다. 어린 조카들은 소나무 가지에 매달린 그네를 타기도 하고, '반달' '동무생각'을 부르면서 어둠 속에 반짝이는 개똥벌레를 잡는다고 뛰어다녔다. 막내 오빠가 소나무에 기대어 부는 하모니카 소리는 멋들어지면서도 때론 처량하기도 했다.

우부룩한 잔솔 밑에선 때때로 장끼울음이 들리고, 뻐꾸기는 뻐꾹 뻐꾹 구슬픈 소리로 재를 넘는다. 풀숲에선 계절 따라 달개비, 원추리, 패랭이꽃, 망초가 저희끼리 피고 졌다. 들판의 곡식이 여물어 수수목이 구불 때면 풀벌레 소리 요란하고 찬 서리에 쑥부쟁이와 들국화도 말없이 이울어갔다. 우리의 유년도 청소년으로 자라나 외지로 나가 공부하다 돌아온 방학 때면 그 동산에서 부르는 노래도 '돌아오라 쏘렌트로'나 세레나데 등으로 바뀌었다. 원댕이골은 그저 평범한 야산이지만 우리들에겐 추억이 짙게 어린 잊지 못할 옛 동산이다. 원댕이골, 옛날 이 고을 사람들이 소원을 빌던 원당(願堂)이 있어, '원당의 고을'에서 유래 되었단다.

이젠 옛 동산 원댕이골도 미륵사로 통하는 4차선 도로로 변하고, 그 동산에서 뛰놀던 조카들도 가을나이로 접어들었다. 그러니 그 윗대인 우리 형제들은 어쩌겠는가. 이 몇 년 사이에 모두들 하늘나라로 떠나고, 육남매의 막내인 나만 외톨이로 남게 되었다. 그 모습이 삭연해 보였던지 조카들은 '고모님과 팔봉회'라는 모임을 만들어 매월 한 번씩 만나자고 제안했다. 우선, 큰오빠의 세 딸인 영자, 명자, 인자와 작은오빠의 쌍둥이 자매 각례와 각순이 함께한 여섯 명의 만남이다. 나는 마음 써준 조카들이 갸륵하고 고마웠다.

첫 모임은 2016년 9월 셋째 주 토요일에 분위기 있는 음식점 아한타이에서 가졌다. 고등학교 국어선생을 정년퇴임한 막내조카 인자가 서예대전에서 장원을 한 기념으로 점심을 냈다. 그는 특히 나의 수필 중에서 골라 쓴 문구로 '신사임당 서예전'에서 우수상을 받기도 했다. 창을 하고 글을 쓰고 여러모로 재주가 뛰어난 그는 이제 서예에 심혈을 쏟고 있다. 나의 큰딸 혼례식 때 내종 동생을 위한 그의 자작시 낭독은 깊은 감동을 주었다. 그 축시는 캐나다까지 가서 큰딸의 거실에 걸렸었다.

나보다 열 살 아래인 쌍둥이 조카들은 눈이 별처럼 예쁜 소녀들이었다. 그들이 교회에서 재롱잔치를 하거나 초·중·고 입학과 졸업식 때면 나는 바쁜 어른들을 대신하여 보호자로 빠짐없이 가주었다. 례와 순이 대학교 의상 발표 때 잠옷 모델로 나란히 포즈를 취하던 깜찍한 모습은 아직도 선연하다. 내가 미국 아들집에 가느라 몇 달 집을 비울 때면 바쁜 시간 비집고 정성껏 화초에 물을 주어 싱그럽게 가꾸어 놓는 착한 조카들이다. 두 번째 만남은 각례가 경복궁 근처의 일식집으로 정했다. 레코드가 돌며 추억의 노래 흐르는 조촐하면서도 정감 있는 장소다. 각례는 맛깔스럽게 홍어회도 무쳐왔다. 모임 명칭을 '원댕이골의 소녀들'로 바꾸자는 그의 제안에 흔쾌히 동의했다. 단풍이 짙게 물들고 있는 만추의 토요일, 그날은 광화문 일대에 '박 대통령 하야' 촛불집회가 열리는 날이라서 우리의 모임도 서둘러 끝냈다. 각례는 매일 아침 이 고모를 위하여 건강과 행복을 비는 문자와 동영상을 카카오 톡에 띄워준다.

세 번째 만남은 큰오빠의 장녀인 영자의 집에서 가졌다. 설쇤 직후라 그가 장만한 음식을 들면서 이불 속에 발을 넣고 편안하게 고향이야길 나누었다. 핏줄은 어쩔 수 없는지 우린 성격도 식성도 비슷하여 서로가 아무런 허물없이 대한다. 수지침의 명강사이기도 한 그는 주변 사람들의 크고 작은 질병을 치료해주는 주치의 역할을 톡톡히 한다. 항상 명랑하고 붙임성이 좋은 영자는 모르는 이에게도 스스럼없이 다가가 도움을 베푼다. 내가 고3때 중학교 1학년이었던 그는 바가지 단발머리로 나의 교실 창에 고개를 내밀고 "고모" 하고 부르던 모습이 엊그제 같은데 함께 늙어가고 있다.

영의 바로 아래 동생인 명자는 초등학교 교사직을 정년퇴임하고 어린이 인성 교육 등, 여러 방면의 자원봉사를 하고 있다. 그가 전주 교대에 다닐 때 시험 기간 중 초라한 우리 셋집에 와서 여고생 시누이와 한방에서 지낸 적이 있었다. 착하고 소탈한 그는 불편한 내색을 안했지만, 친정 조카라고 전혀 살펴주지 못했던 아쉬움이 내겐 남아있다. 네 번째의 만남은 명자가 주선하여 유람선 타고 일본 후쿠오카와 나가사키로 3박 4일의 여행을 떠났다. 막내조카 인자가 바쁜 일로 함께하지 못해 서운했다. 나가사키 원폭 박물관을 관람하며 그 끔찍하고 처절했던 역사의 현장에서 전쟁이란 악의 실상을 다시금 절감했다. 해방둥이로 태어난 명자는 세심한 관심을 가지고 원폭의 처참한 현장을 카메라에 담는다. 우린 여행사의 배려로 같은 방에서 밤늦도록 이야길 나누고 깔깔댔다. 고모 조카 할 것 없이 일행 속에선 '정다운 5자매'로 통하며 사랑을 받았다.

우리들은 전혀 지금의 나이를 의식치 못하고 원댕이골의 새파란 그 시절로 돌아간다. 고모인 나는 더욱 시간의 착각 속에 빠진다. 조카들도 나름의 산전수전 다 겪은, 이젠 손주를 둔 할머니란 생각이 도무지 들질 않는다. 아직도 눈망울 초롱거리던 철부지 애들, 세레나데를 따라 부르며 애수에 젖기도 하던 사춘기 소녀들로만 생각된다. 사람은 나이를 먹지만 추억은 그 시절에 머물러 있다. 그래서 같은 추억을 간직한 사람은 그토록 정다운가.

만남이 거듭 될수록 우리들의 정애도 깊어만 갈 것이다. 물론, 흐르는 세월 속에 가을빛 짙어가는 서로의 모습을 마주보며 쓸쓸해지기도 하겠지. 하지만 젊은 날의 추억 속에 우리의 젊음을 충전하며 원댕이골의 소녀들은 언제나 활기차고 성실하게 살아갈 것이다. (2017)

단상(斷想) 4제

- 남편이 하늘나라로 떠난 후

1. 애마를 보내고

2014년의 봄이 밀물져 오고 있는데, 그날은 눈발이 흩날렸다. 날짜도 잊히지 않는 2월 20일. 16년 동안 우리 가족을 위해 충실히 달려준 애마를 보내는 날이다. 위암 수술 후 1년을 버텨낸 남편은 2년 째의 봄이 오는 길목에서 힘을 잃기 시작했다. 자기 떠날 걸 예감이라도 했을까, 정 깊이 든 차와의 이별을 고했다.

길 떠날 때면 틀어놓던 찬송가와 가곡의 테이프, 오렌지 방향제, 여러 책자와 티슈 등, 차 안의 것들을 털어놓고, 우리 차는 덩치 큰 크레인 위에 힘없이 올려졌다. 그 모습이 어찌나 처량해 보이던지. 수박색 몸체에 '서울 45라 9946' 눈을 감아도 보이는 사랑스런 번호판을 멍하니 응시하며 그가 사라질 때까지 손을 흔들어 주었다.

회색 포니와 대우차를 거쳐 마지막으로 우리 집에 들어온 현대 쏘나타는 5백리 고향 길을 무던히도 달렸다. 시부모님 생시엔 두 분의 생신과 설, 추석마다 일 년에 네 번은 빠짐없이 찾아갔다. 명절에 차가 막힐 땐 평소 3시간 거리가 13시간을 거북이처럼 기어가기도 했다. 그래도 반겨 기다려줄 부모, 형제 생각에 지루한 줄 몰랐다. 부모님 돌아가신 후엔 양주분의 기일을 챙기느라 밤길을 달린 적도 많았다.

노년에도 마부(馬夫) 노릇을 하게 된 남편은 처형들이 고향집 그립다고 입을 떼기만 하면 그분들을 모시고 익산의 처가로 달렸다. 정다운 이야기와 흥겨운 노래로 차안은 늘 화기애애했다. 큰 오라버니 떠난 뒤, 잠긴 고향집 대문은 전주의 둘째 오라버니께서 미리 도착하여 활짝 열어 놓으셨다.

먼 길 달려온 애마는 넓은 마당 안으로 미끄러지듯 들어가 맑은 공기 속에서 쾌적한 휴식을 취하곤 했다. 계절 따라 고향 산천을 유람하며 흥을 돋우었다. 봄철엔 연두 버들가지 치렁치렁 늘어진 남원 골로, 전군도로 벚꽃 속으로, 고창의 선운사 동백, 댓잎소리 그윽한 담양의 죽림원, 채석강, 여름날의 골 깊은 계곡, 가을 내장사. 사랑하는 사람들을 태우고 행복한 십여 년을 말썽 없이 달려주었다.

그 시절 그토록 활기차던 마부도, 고분고분 충실했던 애마도 이젠 모두 떠나갔다. 버거운 짐 끌고, 지고, 삶의 복판을 힘껏 달려준 우리의 가장도 사랑하는 가족의 한필 애마였구나.

2. '그리운 금강산'

때때로 나의 귓전에 맴도는 그리운 멜로디, '누구의 주재런가 맑고 고운산/ 그리운 만이천봉 말은 없어도/ 이제야 자유 만민 옷깃 여미며/ 그 이름 다시 부를 우리 금강산~' 음의 높낮이와 강약을 조절하며 힘차고도 그윽하게 부르던 남편의 목소리가 귓전에 맴돈다.

가까운 친지들은 그의 애창곡이 '그리운 금강산'임을 다들 안다. 스스로 자청하는 일은 별로 없었지만 노래 지목을 받으면 사양치 않고 금강산 노래를 부르곤 했다. 수더분한 외모지만, 노래를 부르는 모습은 퍽 멋스러워 보였다.

남편의 '그리운 금강산' 선율이 유독 인상 깊게 울려 퍼진 그 때, 그곳을 잊을 수가 없다. 1999년 5월, 친정 조카들의 호의로 황혼기의 친정 오빠 언니들과 우리 부부는 봉래호 유람선을 타고 금강산 관광을 하게 되었다. 조국의 잘린 산하에 동족의 요통은 계속되고 있었지만, 주어진 얼마큼의 자유를 만끽하며 꿈속인 듯 비경을 누비고 만물상 코스를 끝까지 올라갔다. 그 산정에서 소리 높여 불렀던 남편의 '금강산'은 얼마나 통쾌했던가. 또 한 번은 남편 친구들 부부 동반 지중해 여행길에서다. 포르투갈에서 관광버스로 국경을 넘어 스페인으로 이동할 때였다. 끝없는 올리브 농장 길을 달리는 차 안에서 무료함을 달래려는 노래자랑이 벌어졌다. 그때 부른 남편의 '금강산'은 뜨거운 갈채를 받았다.

그리고 이 땅에서 들려준 마지막 '그리운 금강산'은 호스피스 병동의 음악치료 시간에 가쁜 숨 몰아쉬며 스스로 2절까지를 모두 부른 때이다. 그날의 동영상을 볼 때면 눈시울 적신다.

남편의 장례를 치른 며칠 후, 나는 동작문화원 류현열 교수의 가곡반을 찾아갔다. 생전의 그이가 즐겨 참가하여 많은 사랑을 받았던 곳이다. 나는 150여 명의 남녀 가곡 회원들께 찹쌀떡 한 봉지씩을 나눠드리고, 그간의 사랑에 정중한 인사를 올렸다. 그날, 회원 모두가 기립하여 류 교수님 선창으로 '그리운 금강산'을 제창하며 떠난 이를 애도했다. 그 시간의 눈물 젖은 그 선율을 그는 하늘에서 듣고 있었을까.

사람마다 그에 딸려 연상되는 흔적이 있다. 남편이 운동 좋아하는 줄은 익히 알고 있었지만, 가곡에 그토록 열정이 깊은 줄은 뒤늦게 알았다. 손바닥 크기의 종이에 자로 오선을 긋고 깨알 같은 악보를 그려 넣은 뒤 가사를 적은, 300여 장의 쪽지는 가곡반 회원들도 감탄 하며 카메라에 담았다. 그 쪽지들은 막내딸이 유품으로 간직하고 있다. 지금도 어디선가 '그리운 금강산'이 들려오면 남편의 목소리가 오버랩 된다.

3. 천국 환송 예배

2015년 1월 6일(화) 오후 2시, 신촌 세브란스병원 영결식장에선 150여 명의 신도와 친지들이 모여 천국 환송 예배를 드렸다. 여느 장례식에서 쉬 접하지 못하는 순서다. 우리 부부는 아들의 모교인 연세대학교 의과대학에 시신을 기증하기로 등록한 지 10여 년이 되었다. 그러니 남편의 장례엔 입관, 발인, 하관의 절차가 없으므로 2일간의 장례를 천국 환송예배로 마무리 하게 되었다.

영결식장 좌우 벽엔 고인의 영정 사진을 모니터에 띄워 주었다. 윤석안 담임 목사의 사회로 찬송 479장 '괴로운 인생길 가는 몸이'를 부르고, 전성렬 은퇴 장로가 대표 기도를 드렸다. 설교 말씀은 우리 가족과 젊은 날 40여 년을 함께하신 김순권 원로목사께서 전도서 7:1~2 '좋은 이름이 좋은 기름보다 낫고 죽는 날이 출생하는 날보다 나으며 초상집에 가는 것이 잔칫집에 가는 것보다 나으니 모든 사람의 끝이 이와 같이 됨이라 산 자는 이것을 그의 마음에 둘지어다'를 중심으로, 남은 자들 모두는 앞날을 어떻게 보냄이 복된 삶일까를 짚어 주셨다. 시인이신 김 목사께선 수필가인 고인의 아내에게 특별히 당부하셨다. '굳건한 신앙과 깊고 넓은 사색으로 더 좋은 글쓰기 봉사를 하라'고.

막내딸 미성의 조시(弔詩)는 흐느끼느라 자주 낭독이 끊겨 모두를 숙연케 했다. 사위가 고인의 약력 소개를 한 후, 아들은 유족을 대표하여 조객들께 깊숙이 머리 숙여 감사를 올린다. 자녀들 결혼 때 하객들 앞에서 가족대표로 인사를 하던 아버지, 그 아버지가 하늘나라로 떠나는 자리에서 지금은 아들이 인사를 올리고 있다.

천국 환송예배는 그렇게 산 자들의 정중한 마음 모아 고인의 영혼이 하늘나라에서 영원한 안식 누리길 빌어드리는 엄숙하고도 간절한 의식이었다.

4. 나는 혼자가 아니라고

남편이 세상 뜨기 전까지 나는 평생 혼자 살아본 적이 없었다. 어렸을 적엔 삼 사 대나 되는 대가족이 모여 살았고, 학창시절 자취를 할 때도 항시 친구들과 같이했다. 신혼 시절부터 시동생들을 데리고 있었으며, 아이들이 태어난 뒤엔 도우미까지 딸린 대식구가 되었다. 때로 호젓한 생활이 부럽기도 했지만, 정작 아이들이 제 둥지로 날아갔을 땐 허허롭기 그지없었다. 하지만, 한 해 두 해 흘러 몸이 쇠약해지니 부부만의 생활도 오붓하고 괜찮았다. 그렇게 둘만의 15년이 흘렀다. 이도 끝이 있을 줄 미처 생각지 못한 채 남편이 떠났다.

항상 둘이 있던 공간에 홀로 남겨지다니, 가슴 먹먹했다. 이런 날이 올 줄 전혀 예측 못한 바는 아니지만, 막상 당하고 보니 서글펐다. 표현 못할 적막감과 외로움이 엄습했다. 실감을 못해 수시로 환청, 환시의 착각을 넘나들었다. 바람이 창문 흔드는 소리에도 그이의 문 두드리는 소린가 하여 뛰쳐나간다. 외출에서 돌아와 문을 열며 '여보' 하고 부르면 아무런 응답이 없다. 집안엔 무거운 적막뿐이다. '응, 왔어' 그 짧은 한마디가 그토록 그리울 줄 몰랐다. 식탁 앞에 앉아서 목이 멘다. 한 개의 수저 젓가락만 달랑 올려놓고는 밥맛이 없다. 해주는 데만 익숙해온 삶은 도무지 나 먹자고 시장을 보고 반찬을 만들기가 싫은 게다. 빨랫줄에 항상 널리던 그의 내복도 양말도 없다는 게 이상하다. 남편의 이름으로 오던 우편물이 끊겼다. 등산, 골프가자고 그렇게도 걸려오던 친구들 전화가 사라졌다. 실재했던 인간의 부재로 인한 슬픔은 당해본 사람만이 안다고 했던가.

차츰 현실을 인정하고, 나를 위한 삶을 찾아야 했다. 주위에서 어떻게 혼자 지내느냐고 묻는 염려가 달갑지 않아졌다. 내 주위엔 혼자 살아가는 이웃이 얼마나 많은가. 그들도 잘 살고 있지 않은가. 남편이 물 주어 가꾸던 베란다의 화분에 진분홍 공작선인장 일곱 송이가 피었다. 그 고운 꽃 혼자 보기 아깝지만, 어쩌랴. 그도 하늘에서 굽어 볼 것이라 믿는다. 때때로 그의 사진 앞에서 이야기를 나눈다. 아이들 소식, 즐겁고 감사한 일, 생시처럼 알리면 그는 빙그레 웃으며 듣는다.

시간이 흐르면서 생각하니 나는 혼자가 아니었다. 신앙이 있고, 책이 있고, 나이가 있고, 자녀들의 전화가 있고, 만날 수 있는 벗이 있고, 쓸 돈이 있다. 뿐인가, 떠난 이를 생각하는 그리움이 있고, 그의 안식을 비는 기도가 있다. 하늘 아래 그렇게 많은 것들이 내 곁에 있음에 놀랐다.

남은 자의 몫은 스스로 헤치고 나아가는 것. 외로움에 깨달음의 싹이 돋아 감사로 이어진다. 흘러 흘러서 하나 되는 강물처럼 우리도 언젠가는 본향에서 만나리라. 나는 혼자가 아니라고 마음으로 소리쳐 본다.

(2015. 3)

보라매공원의 가을

어느 한가한 오후, 보라매공원의 가을 속으로 들어갔다. 이 공원 지근에서만 40여 년을 살았으니, 내 집 정원처럼 정이 들었다. 1970년대 초, 우리 가족이 관악구로 이사 왔을 때 지금의 공원은 당시 공군사관학교가 자리하고 있었다. 용맹스런 '보라매'처럼 훈련 받는 생도들의 구령소리가 힘찼다. 그 운동장에서 신문사 주최로 어린이 미술대회가 열릴 때면, 엄마 아빠는 아이들 손잡고 가서 그들이 그림 그리는 모습을 지켜보기도 했다.

1986년 5월 5일, '보라매'라는 이름을 달고 공원으로 조성되면서, 이곳은 주민들의 사랑받는 휴식의 공간이 되었다. 초기엔 공원 시설이 변변치 않아 넓디넓은 운동장을 가로질러서 연못가로 가보거나, 비행기 전시장을 둘러보는 게 전부였다. 그래도 아이들은 신이 났다. 초록 연잎 속의 분홍 꽃들, 알록달록 비단잉어 떼 노니는 모습, 전투기, 민간항공기 따위의 각종 비행기를 구경하면서 호기로운 눈망울을 반짝였다. 젊은 아빠는 힘찬 보폭으로 운동장을 여러 바퀴 돌면서 같이하자고 우리를 불러 모았다.

해가 거듭될수록 공원도 근사하게 꾸며졌다. 현대식 어린이 놀이터도 생기고, 종류별 운동시설이며 청소년 수련관, 장애인 종합 복지관 등 주변의 여러 부대시설도 잘 구비되었다. 보기 좋게 어우러진 꽃과 수목들, 이쪽저쪽으로 굽이도는 무성한 가로수 길, 웅성거리는 인파는 공원에 쌓인 세월의 더께를 실감하게 한다.

보라매공원 29년의 흐름에. 그동안 훌쩍 자란 세 아이들은 제 짝을 찾아 날아갔다. 둘만 남은 헐렁해진 옛 둥지 매몰차게 처분하고, 우리 내외는 공원길 가까운 아파트로 이사를 했다. 아침저녁, 계절 없이 공원을 드나들며 탁구, 테니스, 배드민턴에 열중했던 남편은 땀 젖은 운동복을 손수 빨며 나의 독서와 글쓰길 지켜주었다. 각자의 취미 따라 둘만의 오붓한 생활도 14년째로 막을 내렸다. 어디, 변하지 않는 것 있다던가. 지난겨울, 내 짝은 아예 지구를 떠나 멀고 먼 하늘나라로 떠나갔다.

사람들로 붐비던 봄 여름과는 달리 벤치마다 텅 빈 늦가을 공원은 쓸쓸하다. 나는 우람한 플라타너스길 안쪽, 수북이 쌓인 낙엽을 밟고 햇볕 바른 벤치에 앉았다. 파란 하늘아래 내 마음 한 자락 펼쳐 놓고 상념 이는 대로 마음의 그림을 색칠해 본다.

한참을 그리 앉았노라니, 베레모 쓴 남자가 가로수 길로 걸어온다. 그이와 비슷한 체구, 그 비스름한 연배다. 잠깐의 착시에 움찔했다가 공허하게 실상을 깨닫고 벤치에서 일어선다.

노란 잎이 우수수 떨어져 내리는 은행나무 길로 느릿하게 걸음을 옮겼다. 그곳엔 유명 시인들 여남은 명의 시에 밑그림 곁들인 시판이 계절마다 바뀌어 걸린다. 내가 첫 번째로 만난 시는 이해인의 「익어가는 가을」이다. '꽃이 진 자리마다/ 열매가 익어가네/ 시간이 흐를수록/ 우리도 익어가네/ 말이 필요 없는/ 고요한 기도/ 가을엔 너도 나도/ 익어서 사랑이 되네.'

한 편 한 편을 눈으로 읽으며 발걸음을 옮기노라니 교우 둘이 다가와 반긴다. 가을 산책 나온 중년의 여인들이다. 아는 사람이 유난히 반가운 날이다. 하지만 인사만으로 헤어지고 나는 숲 속 지름길로 들어섰다. 유년의 고향을 추억하며 농촌 체험장을 둘러볼 요량이다. 쌓인 낙엽은 밟힐 때마다 바스락 바스락 '시몬, 너는 좋으냐, 낙엽 밟는 소리가―' 청청했던 젊은 날, 이맘때면 읊조렸던 구르몽의 시 구절을 낙엽이 속살거린다.

숲길을 나오니 산책로 옆이 바로 공원 속의 논이다. 가을걷이가 끝나, 벼 그루터기만 남은 논 가운데엔 하릴없는 남녀 허수아비가 익살스런 표정으로 행인의 시선을 끈다. 노란 반 호장 저고리에 검정치마의 아낙과 허술한 밀짚모자 비뚜름히 쓴 농사꾼 허수아비다. 논 옆에 꾸며놓은 초가엔 옛날 농기구와 생활용품이 꽤 많이 진열되어 있다. 윤기 나는 오지항아리 장독대, 커다란 무쇠 솥, 굴뚝, 디딜방아와 나무절구 등, 제법 그럴듯하게 재현해 놓았다. 어린이와 청소년을 위한 농촌 체험의 장소지만, 정작 노년층의 향수를 일깨워 준다.

산책로에서 여러 계단을 오르면 사관학교 때의 흔적들이 남아 있다. 우리 아이들의 호기심을 자극했던 비행기 전시장도 그곳에 있다. 초입의 거대한 충효(忠孝)탑은 젊은 기상이 하늘을 향해 치솟는 듯 웅대하다. 그저 올려다만 보고는 연못 쪽으로 방향을 틀었다. 봄철의 화사했던 철쭉동산, 여름 내내 끈질기게 피고 지던 무궁화동산을 지나, 아이들 깡충대며 뛰놀던 잔디광장을 거치려니, 누레진 잔디 속에서 먹이를 찾던 한 떼의 비둘기가 푸드덕 날아오른다. 나는 곧장 연못 길로 들어섰다. 내겐 가장 애착이가는 곳이기도 하다.

몇 해 전, 공원 초입의 개나리와 옆 언덕의 벚꽃이 흐드러지게 핀 봄날이었다. 우리 내외는 연못가의 정자에 한가히 앉아, 몽실몽실 피어나는 초봄의 정경을 음미했다. 뾰족이 올라오는 연둣빛 새싹들, 하얀 거위와 재색 오리 쌍쌍의 자맥질 모습, 노란 햇살 아래 반짝이는 물빛, 이 모든 것이 사랑스러웠다. 길 옆 발지압길 입구에 신발을 나란히 벗어놓고, 울퉁불퉁 뾰족한 돌을 밟으며 구불구불한 돌길을 몇 바퀴씩 돌기도 했다. 따스한 벤치에 앉아 간식을 들면서 아이들 어릴 적 이야기도 나누었다. 좀 무료해지면 남편은 법당 밑 배드민턴장으로 올라가 땀이 젖도록 라켓을 휘둘렀다. 나는 연못 주변을 산책하다

쉬다 하면서 장미 동산 옆의 박웅진(공군학교 4기 졸업) 시비에서 그의 시를 감상하기도 했다. 평범했던 일상도 흘러가버린 시간은 애틋한 그리움이다.

가을 연못은 삭막하기 그지없다. 여름내 경쾌한 멜로디 따라 춤을 추던 음악 분수도 가동을 멈추고, 시들어 누운 갈색 연잎 줄기, 윤기 잃은 갈대의 풀어헤친 머리, 연못 중앙의 조류 쉼터엔 짝 없는 백로 한 마리가 외다리로 서서 먼 하늘을 살핀다. 산책로엔 어쩌다 사람 몇몇이 지날 뿐, 적막 속 연못 둔치의 산수유, 백당나무 빨간 열매만 사무치게 곱다. 그 열매를 탐하고 앙상한 가지 위로 몰려든 이름 모를 새들의 지저귐은 쓸쓸한 가을노래다. 아, 나무 밑에 무리지어 핀 보랏빛 쑥부쟁이와 구절초. 그 청초한 야생의 매력에 이끌려 한참을 그들 곁에서 눈 맞춤을 하다 일어섰다. 어느새 가을 한나절이 훌쩍 지나, 땅거미가 지고 있다. 집으로 향하는 연못 길 저편엔 아직도 피어있는 장미의 몸부림이 처연해 보인다.

가을엔 모두를 떨어내고 비우고 침묵으로 겨울 삭풍을 이겨냄은, 다시 오는 봄의 새 삶을 위한 자연의 지혜다. 나도 외로운 겨울을 사랑하는 사람들 추억하며 잘 이겨내고, 새 봄엔 벗과 함께 희망찬 이야기 많이 나누리라. 보라매공원의 가을은 그렇게 나를 타이르고 있다.

(2015)

살 구

칠월 초순 어느 날, 신대방역 앞 후미진 골목 입구에 초라한 할머니 한 분이 쪼그리고 앉아 살구를 팔고 있었다. 제철에 잠간 나오다 마는 살구는 도심의 과일가게에서도 흔하게 접할 수 없다. 나는 가던 걸음을 멈추고 여남은 개 자그만 비닐그릇에 담긴 노란 살구를 바라보았다. 그리고 한 개를 만져본다. 어릴 적 고향의 향수가 물씬, 선뜻 한 봉지 담아달라며 3천원을 건넸다. 할머니는 마른 잎 같은 손으로 돈을 받으며 직접 딴 살구니 맛이 좋을 거라 했다. 오래전에 돌아가신 어머니 얼굴이 스친다.

'고향의 봄' 노랫말에도 살구꽃이 나오듯, 내 유년의 고향 마을에는 초봄의 살구꽃이 구름처럼 아름다웠다. 하늘거리는 연분홍 꽃잎 허망하게 흩날려 떨어질 때면 집안엔 사람이라곤 없었다. 따스한 햇볕에 졸고 있는 멍멍이와 어미닭을 졸졸 따르는 병아리들, 그리고 어쩌다 수탉의 길게 뽑는 꼬끼오 울음만이 정적을 흔들었다. 먹을 것이라곤 없는 긴긴 봄날, 어머니는 온종일 원댕이골의 보리밭을 매고 계셨다.

보리가 주식이던 그 시절, 더디게 익어가는 보리 애타게 기다리다 못해, 풋보리 베어다가 보리 목 훑어 무쇠 솥에 볶아낸 연초록빛 보리의 그 달짝지근한 맛을 어찌 잊을까. 그리 기다리던 보리가 누렇게 여물어갈 즈음, 살구도 노란빛을 띠며 익어가기 시작했다.

우리 집 사립 옆 두 그루 살구나무는 유난히 푸지게 살구가 열렸다. 알 굵은 떡살구, 맛 좋은 참살구, 그리고 남새밭 옆 연못가의 샛노란 개살구까지, 세 그루 살구나무에서 딴 살구를 함지박 가득 씻어놓고 실컷 먹을 수 있었다. 살구나무 없는 춘식이네와 몇몇 집의 아이들에게도 넉넉하게 나누어주었다. 살구도 비타민 노릇을 했는지 누렇던 아이들 얼굴이 살구 철엔 생기가 돈다고들 했다.

하지만 한 가지 음식만을 자꾸 먹다보면 물리는 법. 살구도 그랬다. 그 새콤한 맛이 싫증나곤 했다. 그런데, 보리밥 도시락도 싸갈 처지가 못 되는 춘식이는 집집에서 얻은 살구를 가지고 학교에 가, 아이들이 살구가 밥이냐고 놀리면 기죽지 않고 "살구도 밥이다 어쩔래."라고 대들 듯 큰소리쳤다. 그 후 애들은 춘식이만 보면 '살구도 밥인 놈'이라고 골려댔다. 그는 지금 어디서 어떻게 살고 있는지.

살구! 살구는 그렇게 휘움한 보릿고개를 애달프게 넘던 시절의 추억어린 열매다. 살구 씨조차도 기침이나 해열에 효능이 있다며 버리지 않고 모아 두었었다. 요즈음엔 국내산 수입산 할 것 없이 사철 과일이 넘쳐나, 풍요 속에 귀한 게 없어 탈이지만. 배곯던 그 시절에 살구는 마을 사람들의 영양제요 약제였으며 초여름의 유일한 간식거리였다.

오늘, 추억으로 사들고 온 살구 한 봉지를 정갈하게 씻어놓고, 한 입 베어 무니 그 새콤달콤한 맛에 코끝이 시큰하다. 살굿빛 노란 그리움에 젖어든다. (2017. 7)

3.

나의 2월은

나의 2월은

나의 2월은 퍽 애착이 가는 달이다. 날수가 하루, 이틀 모자란대서 갖는 느낌만은 아니다. 달마다 색깔이 있고, 나름의 매력이 있지만, 내게 희락과 비애를 함께 안겨준 2월은 인생을 함축해 놓은 것만 같아서다.

2월은 24절기 중 첫째인 입춘(立春)이 시작되는 달이다. 어느 시인은 이때를 '딱딱한 생각 녹이고, 고운 말씨 필요한 때'라고 했다. 태양은 이미 봄을 향해 방향을 틀었지만, 날씨는 여전히 쌀쌀하고 을씨년스럽다. 더러는 눈발이 날리기도 한다. 이렇듯 어정쩡한 2월의 색깔은 진회색에 연두가 섞였다고나 할까. 캄캄한 자궁 속에 잉태된 생명의 연둣빛. 그래, 봄을 품은 2월은 겨울의 끝자락이지만 생명의 기운이 꿈틀거린다. 매서운 바람이 핥고 지나간 산자락 검불 속에선 어느새 노란 복수초가 언 땅을 뚫고 고운 얼굴을 내민다. 꽃망울 부푼 매화도, 동백도, 만개를 서두르고 있다.

오래전, 고향집 사립 옆의 두 그루 거뭇한 살구나무 위로 음력 2월 열나흘 달이 휘영청 밝은 밤, 어머니는 날 낳으셨다. 삼남 삼녀의 막내로 내가 태어나던 그날 밤, 40세의 가장인 아버지는 처음으로 당신 이름의 논문서를 들고 희색이 만면하여 들어오셨다니…. 할머니께선 왜 그리도 내 머리를 쓰다듬으며 복 털 박힌 강아지라고 예뻐해 주셨는지 알 듯하다. 가난한 농가 마을, 일제의 수탈 속에서도 빠짐없이 차려주셨던 유년기의 내 생일상을 잊을 수가 없다. 따끈한 안방 윗목의 자그만 도리소반 위엔 흰쌀밥 한 그릇과 미역국 한 대접, 그리고 간장 종지가 올려있었다. 그게 전부였지만, 어린 마음에도 존재감으로 뿌듯했다. 할머니는 손주들의 생일상 앞에서 두 손을 싹싹 비비며, 명 길고 복 많이 받으라고 중얼중얼 많이도 빌어주셨다.

나는 양가 부모님의 뜻에 따라 결혼식도 2월에 올렸다. 실은 따스하고 파란 5월이 좋아서 오월의 신부가 되고 싶었지만, 27세와 29세는 노처녀 노총각이라고 어르신들은 서둘러 2월 28일로 날을 잡았다. 순백의 공단 드레스에 길게 늘어뜨린 초록빛 아스파라가스를 들고서 예식을 마치고 나오니, 밖엔 흰 눈이 축복의 떡가루처럼 깔려 있었다. 그렇게 새 가정을 꾸렸지만 2월처럼 어설펐다. 신혼부부는 서로의 직장 관계로 주말에나 새 이불을 함께 덮을 수 있었다. 그래도 전주의 단칸 셋방은 아늑하고 따스했다.

차츰, 아이들이 태어나면서 가정의 모든 것은 애들 위주로 바뀌었다. 부모님이 챙겨주시던 우리 부부의 음력 생일도 호적에 올라있는 양력 생일로 지키게 되었다. 아이들 생일을 양력으로 챙기니, 그들이 기억하기 좋도록 하자는 의도였다. 푸른 5월을 좋아하는 나는 공교롭게도 호적상의 내 생일이 5월 5일이니, 미련 없이 그날로 생일을 바꾸었다. 어린이날인 그날은 공휴일이어서 가족이 함께 나들이하며 힘 안들이고도 알차게 나의 생일을 챙길 수가 있었다. 어머니께서 차려주셨던 음력 2월의 생일은 그렇게 아스라이 잊힌 거라 여겼다.

그런데 부모님이 돌아가신 어느 해부턴지 황혼의 작은언니가 용케도 음력 2월 열나흘이면 나를 불러내어 축하금 봉투를 살짝 내 호주머니에 찔러 넣는 게 아닌가. 그때마다 언니의 뜨거운 사랑에 가슴이 뭉클했다. 아마도 내 뇌리엔 유년의 생일상이 그리움으로 짙게 새겨 있었던가 보다. 지금 병상에 계신 언니마저 떠나시면, 휘영청 달 밝은 나의 옛 생일도 이 땅에선 잊혀질 것이다. 쓸쓸해진다.

나의 결혼 20주년 무렵의 2월 마지막 날, 50세로 접어든 막내 오빠가 세상을 뜨셨다. 누구보다도 야망이 크고 의협심 많던 오빠는 우리 집안의 유망주였다. 소녀 시절 오빠가 들려주던 위인들의 이야기는 어린 가슴에도 희망의 불길이 솟게 하였다. 깊은 슬픔을 안기고 떠난 오빠, 잊지 못할 오빠의 기일인 2월 28일은 나의 결혼기념일이기도 하여, 희비가 함께한 날이다. 그날 황혼녘이면 우리 내외는 노란 프리지어에 흰 안개꽃 섞은 추모의 꽃다발을 들고 오빠 댁으로 갔다. 그러하기 10년이 되던 이른 봄, 오빠의 숨결이 밴 정든 집이 신축을 위해 헐렸다. 그때까지도 오빠의 이름 세 자는 주인 없이 대문 옆 붉은 벽돌담장에 그대로 붙어 있었다. 내가 눈시울 적시며 쓴 '주인 없는 문패', 나는 이 글로 창작수필 신인상을 받고 수필 가족이 되었다. 그도 24년 전 2월의 일이었다.

세월 속에 아이들은 자라서 저희들 둥지로 떠났다. 단풍빛으로 물들어가는 부부만의 홀가분한 15년이 흘렀다. 2013년 2월, 우리 부부는 결혼 50주년인 금혼을 맞게 되었다. 자녀들은 부모의 여행 계획을 짜고, 엄마 아빠는 설렜다. 하지만 사람의 일이란 게 어디 계획한대로, 뜻대로만 되던가. 여행을 앞둔 건강검진에 남편은 어이없게도 위암 판정을 받았다. 우리는 곧장 병원으로 달려갔다. 금혼기념일을 바로 이틀 앞 둔 2월 26일, 대수술을 받은 남편은 1년을 잘 이겨냈다. 그리고 수술 2년째가 되는 2월 직전, 둘이 함께한 지 51년을 한 달 앞당겨 그는 하늘나라로 떠났다.

뒤돌아보니, 내가 2월 속으로 걸어 들어간 게 아니라, 언제나 2월이 나를 끌어안았던 것 같다. 탄생, 결혼, 수필 쓰기, 아픔, 이별…. 내 삶의 알맹이는 모두 2월 속에 들어있다. 인간의 행, 불행을 관여하는 하늘의 섭리인가. 2월은 내게 사람의 한평생을 축소해 놓은 것만 같다. 그래서 나의 2월은 한층 애틋하고, 애잔한 달이기도 하다. 짧고 아쉬운 인생처럼…. (2014)

일상의 소중함

몸이 아파 병원에 갇혀 본 사람은 안다. 파란 하늘, 빛나는 햇살 아래 자유롭게 걸으며 사소한 일상을 누림이 얼마나 소중한 것인가를….

지난봄, 나도 모르게 시름시름 앓고 있었다. 아들이 예약한 6월의 미국행을 앞두고 이것저것 준비하고 있던 중이다. 전화선을 타고 오는 아들의 목소리는 만남의 기쁨으로 차있어 차마 나의 아픔을 내색하기 못하고, 은근히 걱정만 앞섰다. 행여 그곳에 가서 몸져눕거나, 그들의 계획이 나로 인해 무산되면 어쩌랴 싶었다. 평소엔 병원에 가서 검사받고 약 먹는 걸 무척이나 싫어하여 의도적으로 피하던 나였지만, 이번엔 그럴 상황이 아니었다. 서둘러 종합병원으로 달려가 신장내과의 특진을 신청했다.

내가 굳이 약 복용을 거부하는 데는 그럴만한 이유가 있다.

40여 년 전 신장결석으로 대수술을 받고 퇴원한 후에도 계속 병원을 들락거려야만 했다. 염증이 남아있어 항생제처방이 어쩔 수 없다며, 검사 받고 약 먹고, 또 검사 받고 약 먹고, 그러하길 초겨울부터 개나리가 노랗게 필 때까지 계속했다. 드디어 세균은 멸살시켰다는데 내 몸은 독한 소독으로 생기 잃은 초목처럼 축 늘어져 있었다. 물 한 바가지 들 힘이 없었다. 눈이 침침하고 소화도 안 되고 밥맛도 없고 빈혈까지 있었다. 약의 힘으로 균은 제압했지만, 독성의 부작용으로 몸은 극히 쇠약해져 있었다. 젖먹이까지 딸린 어미의 나날은 처절했다.

그 무렵 우두커니 약봉투를 바라보고 있던 내게 섬광처럼 한 말씀이 눈에 들어왔다. '두려워하지 말라. 내가 너와 함께 함이라 놀라지 말라. 나는 네 하나님이 됨이라. 내가 너를 굳세게 하리라. 참으로 도와주리라. 참으로 의로운 손으로 너를 붙들리라.'(이사야 41: 10)

당시 세브란스병원의 약봉투엔 그 성구가 줄곧 적혀 있었건만, 내 눈엔 그제야 보인 것이다. 그 말씀은 허약해진 내 심신을 어루만지며 희망으로 다독이고, 굳게 세우는 큰 힘이 되었다. 어렵고 힘든 일이 닥칠 때마다 나는 그 말씀을 붙들고 되새기며 기도를 대신했다.

젊은 날 건강할 땐 몰랐다. 아이들 뒤치다꺼리하며 밥하고 빨래하고 청소하는, 이 소소한 일상이 얼마나 큰 행복인가를.

아무런 대가없이 되풀이되는 나날이 지겹다는 느낌은 얼마나 큰 오만이었던가를. 아무것도 할 수 없는 아픔 속에서야 비로소 보이고 깨닫게 된 것, 그것은 살아있기에 계속되는 일상이었다.

감기나 몸살 등 어지간한 아픔엔 좀처럼 병원에 가지 않고도 잘 다스려왔다. 그런데 이 봄, 서둘러 종합병원의 진료를 받기로 한 건 혹시 병을 키워 바쁜 자녀들 발목을 잡지나 않을까 하는 어미의 염려에서였다. 젊을 땐 어린것들 돌보면서 아파도 두려움이 없었는데. 여러 검사와 신장 CT촬영까지 하고, 병원 들락거리기 두어 달이 흘렀다. 의사의 처방 약을 지시대로 복용하고, 검사결과를 기다릴 때의 초조함이라니….

5월의 신록이 새파란 아침, 나는 공원길을 가로질러 보라매 병원으로 갔다. 법정에서 판결을 앞둔 죄수의 심정이 그러할까. 차례를 기다려 아주 공손한 자세로 담당의 앞에 섰다.

"신장 기능 정상이고, 소변도 좋아졌네요. 약 그만 드셔도 되겠습니다. 물을 많이 마시세요."

눈물이 글썽해지도록 감사했다. 허리 깊숙이 숙여 인사하고 병원을 나왔다. 유난히 파란 하늘에서 쏟아지는 봄 햇살이 찬란했다. 그물망을 뚫고 나온 물고기가 너른 바다로 유유히 헤엄쳐나가는 느낌의 자유로움. 보이는 모든 것이 정답고 사랑스러웠다. 부지런히 오가는 사람들, 길가의 즐비한 가게와 건강한 청소부 아저씨, 모두가 행복해 보인다.

아침에 잠에서 깨어 기도로 하루를 열고, 뜨는 해를 보고, 식사를 하고, 가고오고 만나고, 일하고 쉬고, 이야기 주고받고, 지는 해를 볼 수 있는 이 위대한 일상이여! 이는 빈부귀천 없이 누구에게나 공평하게 주신 창조주의 선물이다. 반복되는 일상은 지루함이 아니라 도전하고 나아가야만 할 날마다의 새로운 현상이다.

일상을 한층 향상시키려면 독서, 산책, 음악 감상, 자원봉사 등 각자의 취향 따라 좋은 것들을 자기의 일상으로 끌어들여야 하리라. 심신을 해치는 중독성의 것들은 일상에서 과감하게 끊어내야 할 게다. 일상도 좋은 쪽으로 균형이 잡혀야만 활기차고 보람되고 윤택할 것이니. 지극히 일상적인 것들, 그래서 지극히 소중한 것들을 깊이 감사하며 살아갈 일이다.

이젠 황혼에 이른 나의 시간. 하루하루를 최후의 날인 듯 여기고 버킷리스트라도 작성하여 하나씩 둘씩 성실히 실천해야 할 것 같다. 평범한 일상이 얼마나 소중한 것인가를 깨달을 때 인생이 보인다고 하니….

(2016)

새해 첫날

또 새해가 밝아왔다.

해는 여전히 동에서 뜨고 서쪽으로 진다. 이 대자연의 엄연한 질서 안에 과거와 현재, 미래가 하나로 연결되어 있어 전혀 새로울 게 없건만, 사람의 마음은 그렇지가 않다. 12달 365일을 한 해로 매듭 지어 놓고, 보다 새로운 마음으로 새해를 맞고자한다.

2015년이 저무는 마지막 밤, 나는 어느 때보다도 경건한 마음으로 교회에 나가 송구영신(送舊迎新) 예배를 드렸다. 가는 해를 돌아보니 아쉬움만 남아, 오는 해는 더욱 귀한 손님으로 모시고 싶다. 하나님께 가까이 가는 길은 먼저 사람에게 가까워지는 것이라 했다. 명심할 일이다. 새해의 첫 시간, 교우들은 환한 미소로 "새해 복 많이 받으십시오." 진심어린 마음을 주고받는다.

반짝이는 별빛 초롱초롱, 시린 하늘을 올려다보며 집에 돌아오니 1시 반이 가까웠다. 집안은 적막하다. 깊은 기도의 마음으로 새해의 달력을 걸며, 신약성경 요한 3서 2절 '사랑하는 자여 네 영혼이 잘됨 같이 네가 범사에 잘되고 강건하기를 내가 간구하노라.' 이 말씀을 미국의 아들, 캐나다의 딸, 독일의 조카, 그리고 이 땅의 사랑하는 친지들 모두에게 새해의 첫 선물로 우송한다. 1주기를 맞는 남편에게도 영원한 하늘 안식을 기원 한다.

새해 첫날, 우리 모두는 같은 시간의 출발점에서 한해의 삶을 달리고 있다. 처음부터 너무 속력을 내다가 지치지 않도록 빠르게 느리게를 조절하며 저마다의 호흡에 맞춰 지혜롭게 달려야 하겠다. 나이 핑계로 속사람마저 열정을 잃고 나태해지지 않을까 두렵다. 사무엘 울만의 시 「청춘」에서 '나이를 먹는다고 누구나 늙는 것은 아니다. 이상을 잃어버릴 때 비로소 늙는 것이다.'라고 했다. 용기와 위로를 받는 구절이다. 젊음이란 인생의 어느 기간을 말함이 아니라 마음의 상태를 일컬음이라 공감하는 까닭이다. 젊다는 것은 성장하는 것이다. 젊은 나무처럼 자라나는 것이다. 육신은 노쇠해도 정신적 성장은 가능하지 않겠는가. 살아온 경험을 밑거름 삼아 사고력을 넓히고, 지식을 쌓고, 마음의 눈을 밝혀 세상을 보노라면 보다 너그럽고 성숙한 인격을 쌓게 되지 않을까. 황혼 길에 의기소침해지려는 자아를 그렇게 다독여본다.

무엇이든 '첫'자가 들어간 것은 설레고, 귀하고, 사랑스럽다. 희망도 솟는다. 첫사랑, 첫 열매, 첫 손주, 첫 출근, 첫 수확 등…. 오늘은 새해 첫날이 아닌가. 사위어가는 불씨를 되살려 활활 타오르자. 희망 넘실대는 넓은 바다를 품자. 드넓은 초원으로 나아가 힘껏 달려보자. 오늘은 그럴 수가 있다고 내 마음은 소리친다.

오후엔 대치동 장조카 집으로 발걸음을 옮겼다. 공교롭게도 친정어머니 기일인 음력 11월 22일이 신정 1월 1일과 일치한다. 오래전에 돌아가신 부모님의 기일은 언제나 집안 친목의 시간이다. 오늘은 특별히 신년 하례 친교모임이 되었다. 원근 각지에서 모여든 30여 명의 혈연들이 조카집의 널찍한 거실에 둘러앉았다. 부모님의 한 뿌리에서 퍼져 나온 무성한 후손들이다. 우리 육남매가 주축이었던 자리는 세월 따라 손주들과 증손에게로 옮겨지고 있다. 불과 몇 년 사이에 부모님의 자녀라곤 작은언니와 막내인 나, 둘만 남았는데 작은언니도 노환으로 참석지 못해, 조카들의 윗대라곤 셋째 올케언니와 나뿐이다. 조카며느리가 정성들인 푸짐한 식탁에 둘러앉아 담소 나누던, 가신분의 모습 눈에 밟혀, 오늘따라 더욱 울적한 마음이다.

고향집 한 울에서 삼 사 대가 모여 살던 그때, 애기고모라 불린 나는 두 살 아래인 큰조카 밑으로 사촌이 되어 줄줄이 태어난 꼬맹이 조카들과 어울려 자랐다. 그들도 이젠 손주를 거느린 할아버지 할머니가 되었다. 지난날 아버지께선 우리들의 귀에 못이 박히도록 '精神一到, 何事不成'을 말씀하셨다. 우리는 지금도 그 말씀을 되새기곤 한다. 새운 뜻을 향해 정신 집중해 노력하면 못 이룰 게 없다 하시던 그 교훈, 생의 뒤안길에서도 잊지 말자고 입을 모은다.

우리들 이야기는 현재, 미래로 이어진다. 탄생, 입학, 졸업, 결혼, 등 가정마다의 대소사와 힘든 일, 기쁜 일, 함께 웃고 위로한다. 종교, 시사, 예술을 논하면서 서로의 의견이 갈릴 때도 있지만, 웃음으로 마무리한다. 나는 집안의 우애를 강조하셨던 어머니를 그리며 "우리 잘들 살고 있는 거죠?" 스스로의 물음에 하늘에서 내려보시며 빙그레 웃으시는 어머니를 만난다.

누군가가 말했다. '언제나 나를 가르치는 건 말없이 흐르는 시간이었고, 풀리지 않는 일에 대한 정답도 흐르는 시간 속에서 찾았다. 어제의 시간은 오늘의 스승이었고, 오늘의 시간은 내일의 스승이 될 것이다.'라고. 그랬다. 슬픔도 고통도 시간만이 치료해줄 수가 있었다.

새해 첫날, "또 새해가 밝아왔다."는 이 축복된 말을 다시 할 수 있음에 감사하며 시간의 진실 앞에 묵묵히 고개 숙인다.

(2016)

어머니의 촛불

한 해가 또 흘러가고 있다.

12월의 첫 주일, 교회 본당의 강단 좌우엔 하양과 보라색이 어우러진 꽃꽂이에 대초 한 자루씩이 꽂혀, 주홍 불빛을 반짝이고 있다. 은혜로 이 한 해도 잘 건너왔구나 생각하며 촛불에 시선이 쏠린다.

세상엔 어둠을 밝히는 많은 종류의 불빛이 있다. 하지만, 오로지 제 몸 사르며 빛을 내는 초의 불빛. 그 촛불을 보면 왠지 숙연하고, 엄숙해진다. '희생'이라는 상징성 때문일까. 촛불은 어머니의 기도가 연상된다. 태중에 열 달 고이 품었다가 거친 세상에 내어놓은 피붙이들, 행여 다칠세라 때마다 몸 바쳐, 마음 모은 절절한 기도는 녹아내리는 촛농처럼 망울망울 안으로 뜨겁게 흐른다.

가는 세월, 오는 세월, 삶의 귀중한 고비마다 먼저 초에 불을 붙이시던 어머니. 전깃불이 없던 시절, 촛불은 어느 불빛보다 환하게 어둠을 몰아내는 으뜸 불빛이었다. 조상의 기일이면 가신 님들 뜻을 기리고, 후손들 올바로 살며 복 누리게 하시라고 황촉 밝혀놓고 간절히 염원하셨다. 곱게 자란 아들 딸 짝을 맺는 혼례의 식단에 맨 먼저 양가 어머니의 촛불 밝힘은 간절한 기원의 표출. '둘이 하나 되어 강건하고 화목하게 자자손손 복을 누리라' 빌고 또 비는 어머니의 촛불 의식이다. 그 딸은 또 어미 되어, 그 어머니 마음 그대로 초에 기도의 불을 붙인다.

나는 남편의 추모일에 심신 정갈하게 닦고, 경건한 마음으로 촛불을 켠다. 새벽 4시 31분, 남편이 하늘나라로 떠난 그 시각이다. 초의 은은한 불빛 속에서 그 영혼의 하늘 안식을 위하여 깊은 기도를 올린다. 생시에 즐겨 불렀던 찬송을 조용히 부르고, 추모의 성경 구절을 읽는다. 동고동락 51년 동반자를 그리며 영혼의 촛불 밝혀 추모일에 맨 먼저 드리는 나만의 예식이다. 비록 작은 정성이지만 이 땅에서 내가 할 수 있을 동안은 그 일을 계속할 게다. 이젠, 저희들 둥지 만들어 날아간 지 한참 되는 아들과 두 딸들, 그들의 생일에도 나는 그날 첫 시간에 축하의 촛불을 밝힌다. 그리고 그들 가족 하나하나의 이름을 부르며 그들에 맞는 소원을 빈다. 깊고 그윽한 촛불의 자세로….

눈을 감으면 더 잘 보이는 어머니의 촛불. 그 촛불은 센 바람에도 꺼지지 않는다. 손에만 들고 있는 촛불이 아니라 마음 속 깊은 곳에 꽂혀, 진심을 태우고 있는 까닭이다. 참으로 뜨거운 촛불이다.

2016년, 주홍빛 촛불처럼 붉게 타오른 나뭇잎이 촛농처럼 뚝뚝 떨어져 내리는 만추. 주말마다 대한민국의 광장엔 백만이 넘는 촛불이 타올랐다. "나라를 바로 세우자."는 열망이 뜨거웠다. 문득 두려운 생각이 들었다. 이 민족 굴곡의 역사 속에 60년의 4·19와 '80년 광주 5·18, 젊은 피로 얼룩졌던 그때의 슬픈 기억이 떠올랐다. 나는 보던 TV와 전등을 끄고 초에 불을 붙였다. 천하보다 귀한 생명, 한 사람도 다치는 이 없게 해달라고 간절히 빌고 또 빌었다. 다행히 아무런 사고가 없었다. 정치인들이 떨어뜨린 국격을 성숙한 시민들이 세웠다고 외신조차 경외감을 표하는 보도를 했다. 차츰 추위가 엄습해오는 계절, 더는 차거운 광장에서 애타게 펄럭이는 수백만의 촛불이 없어도 되는 나라를 소망해본다.

구약성서에 나오는 아모스 선지자는 밤낮 없는 캄캄함의 부패한 이스라엘을 향하여 뜨겁게 외쳤다. "오직 정의를 물 같이, 공의를 마르지 않는 강 같이 흐르게 할지어다(암 5:24)" 지금의 이 나라를 향한 질타의 회초리요, 피맺힌 절규로 들린다. 나아가 탈선한 자식을 올바로 인도하려는 어머니의 뜨거운 사랑의 기도소리로도 들려온다.

소란스런 한 해가 저물고 있다. 생의 귀중한 순간마다 촛불 밝혀주시던 어머니. 진정, 촛불은 어머니의 희생이요, 사무친 기도이다. 그 사랑의 불덩이는 내 가족만의 안위를 넘어, 이 땅 구석구석으로 번질 것이다. 우리의 저 촛불도 분노와 질타의 차원을 넘어, 안으로 뜨거운 사랑과 희생의 촛불로 승화되길 소원한다. 깊고 그윽한 어머니의 촛불처럼….

(2016)

겨울 이야기

다시 겨울을 맞는다. 시간은 어김없이 한 해의 끝자락에 나를 세우고 12월의 캘린더 앞에서 아쉬움으로 머뭇거리게 한다. 가로수는 몇 잎 남은 잎사귀마저 매몰차게 털어내면서 겨울나기 묵상으로 접어든다. 뿌리 깊숙하면 삭풍인들 무서울까 눈보라인들 겁낼까. 나직이 내려앉은 회색빛 하늘에선 금방 눈이라도 펑펑 쏟아져 내릴 것만 같다.

눈 내리는 날이면 아득한 그리움으로 다가오는 추억이 있다. 내 열여섯 살의 성탄 이브, 온 마을과 산야는 흰 눈 속에 푹 파묻혀 있었다. 그곳 우리가 졸업한 초등학교 옆에 태어난 지 세 돌 된 교회가 있었다. 초가의 방 셋과 부엌을 터서 임시로 마련한 예배당엔 자그만 강도상(講道床)과 낡은 풍금 한 대가 놓였을 뿐이었다. 멀리 타지에서 오신 회색 두루마기 차림의 장로님이 새내기 전도사인 아드님과 함께 어렵사리 복음의 씨를 뿌리기 시작했다. 주일마다 흘러나오는 '예수 사랑하심은 거룩하신 말 일세- 날 사랑하심 날 사랑하심' 힘찬 찬송소리에 호기심 많은 꼬맹이들과 남녀 중·고등학생들이 먼저 모여들었다. 바쁜 농가의 일 틈틈이 읍내 교회로 나가던 몇몇 교인들도 차츰 이 예배당으로 옮겨왔다.

그곳에서 맞는 두 번째의 크리스마스 전야, 우리 또래들은 무척이나 설레고 감미로운 기분에 들떠 있었다. 생솔가지 꺾어 만든 트리의 은은한 불빛 반짝임, 어른들의 따스한 배려, '고요한 밤 거룩한 밤'의 풍금소리, 이 모두가 정겹고 아늑했다. 온 누리는 푸지게 쏟아진 눈에 덮여 길을 분간할 수도 없었건만, 우리는 마냥 신이 나서 새벽송 길에 등불 든 고교생 오빠를 앞세워 대여섯 명이 그의 뒤를 따라나섰다. 띄엄띄엄 떨어져있는 아랫마을, 뒷마을, 새 터, 재넘이 마을로 이어진 오솔길을 눈 속에 빠지고 미끄러지면서도 기어코 찾아낸 교우들 집집의 사립문 앞에서 '기쁘다 구주 오셨네'를 목청껏 불렀다. 맨 끝으로 솔밭마을 할머니 집사님 댁에서 새벽 캐럴을 마쳤을 때, 당신 안방의 아랫목을 내어주며 달콤한 감주와 따끈한 팥죽으로 우리들의 언 몸을 녹여주시던 집사님. 그 행복한 성탄절은 지금도 아련한 추억으로 남아있다. 그때 싹튼 믿음의 나무는 훗날 고향의 '삼성교회'가 되었다.

또 겨울이면 생각나는 은사님이 있다. 초등학교 5~6학년 때의 담임이셨던 조동소 선생님, 눈 내리던 날의 어느 글짓기시간, '눈 속의 십자가'란 어설픈 나의 글을 급우들에게 읽어주며 내 머리 쓰다듬어 글쓰기 꿈을 북돋우신 선생님이시다. 우리들의 중학교 진학을 위해서 겨울밤이 깊도록 당신의 자취방에서 보수 없이 과외지도를 해주셨던 고마움을 그때는 몰랐었다. 유리창 덜컹거리는 허술한 교실, 식어가는 난로에 손수 조개탄을 넣어가며 열정을 쏟아 가르쳐주신 그 사랑과 헌신. 개구쟁이들이 틈마다 저지르는 말썽엔 조용하면서도 따끔한 말씀의 매로 다스리셨다. 어린 마음에도 선생님의 헌신적인 사랑은 그분이 믿는 '예수' 때문일 거란 생각이 들었던지, 졸업 후 동기생 대부분은 기독교인이 되었다.

어릴 적 고향의 겨울은 요즘보다도 훨씬 매서운 추위였다. 부실한 입성으로 손발이 얼고 살갗이 터졌건만, 왜 따스함으로 추억되는지. 초봄부터 늦가을까지 부모님의 피땀으로 가꾸어 들인 옹골찬 결실들. 곱은 손 녹여주시던 할머니의 질화로 곁에 옹기종기 모여들어 고구마와 밤을 굽던 형제들. 그 시끌벅적한 대가족의 열기로 매서운 겨울날도 그리 훈훈했던가.

햇볕에 초가지붕의 고드름 툭툭 녹아내리던 소리, 찬 하늘을 'ㅅ'자로 날아가던 기러기 떼 끼룩 끼룩 소리가 어쩌다 겨울 정적을 깰 뿐, 사방은 고요하기만 했다. 때로는 까막까치 얼어 죽은 학교 길을 언 발로 달려, 짭짤한 장아찌 곁들인 양은도시락을 녹슨 난로 위에 먼저 올리려고 소란을 피우며 애타게 기다리던 가난한 점심시간. 그 꿀맛 같던 도시락이여….

결혼 후 상경한 70년대 초의 서울도 궁색하긴 마찬가지였다. 싼값으로 사서 맛있다고 먹이던 호떡, 붕어빵, 군고구마, 학교 앞의 뻥튀기와 누런 설탕으로 만든 뽑기가 어린것들의 간식거리였다. 배추 30포기 김장 해놓고, 연탄 50장만 들여놓아도 그런대로 셋방살이의 겨울은 든든했다. 아이들 엄마에게 흰 눈은 더 이상 낭만의 눈꽃송이가 아닌 방해물이 되었다. 그런대로 모든 것을 절약하고 참아내며 잘 견뎌온 겨울이었다.

이젠, 사정없는 세월에 떠밀려 내 삶의 뒤안길에 이르렀다. 주변 환경은 실내나 차 안, 의복 할 것 없이 뜨듯하다. 물질문명은 발달했지만 시리고 어둔 풍경은 아직도 곳곳에 도사리고 있다. 육교 위에 엎드려 손 내밀던 구걸인은 장소만 지하도 층계와 전철 안으로 바뀌었을 뿐, 딸랑이는 구세군의 자선냄비 곁을 무심히 지나치는 사람들은 여전히 살아가기가 힘들단다. 불우한 이웃 위해 써달라는 무명, 실명의 독지가들과 소리 없는 봉사자들의 손길은 끊임없이 사랑의 온기를 피워 올리지만, 죄 많은 세상은 여전히 소란하기만 하다.

이 차가운 겨울 속에 나의 또 한 해가 저물어가고 있다.

(2009)

싹, 꿈을 품은 미래

사방에서 꿈틀꿈틀 생명의 움직임 소리가 들리는 듯하다. 써늘한 냉장고 속 야채 칸의 감자와 양파까지도 자연의 시간을 어찌 알아차리고 뾰족이 움이 돋아 파랗다. 놀랍다. 흙은 연둣빛 싹을 쑥쑥 밀어올리고, 해님은 어서들 자라라고 쓰다듬어 주는 봄. '春' 자는 햇볕을 받아 싹이 돋아나는 모양새를 나타낸 상형(象形)이다. 진정, 신이 베푼 은총이요 기적의 계절이다. 흙 구경을 못하는 아파트에서 나는 싹 튼 감자와 양파, 씨눈 좋은 고구마를 유리병에 담아 햇볕 잘 드는 창가에 놓았다. 싹이 자라나는 모습을 지켜보는 것은 즐겁고 재미가 있다.

노랑, 분홍 꽃들이 한창 어우러질 무렵, 아들의 아들놈 하진이가 제 어미 품에 안겨 먼 하늘을 날아왔다. 조용하던 집안이 단숨에 웃음소리로 출렁댄다. 생명의 싹은 모두가 예쁘고 사랑스럽지만, 제 살붙이에서 나온 사람의 싹만 하겠는가.

창조주께선 명령조로 사람에게 복을 내리신 말씀이 있다. '생육하고 번성하여 땅에 충만 하라' 구약 창세기의 이 구절이 자꾸만 생각나는 요즘이다. 직장생활과 경제적인 이유로 아기 갖길 원치 않는 신혼부부가 적지 않다고 한다. 얼마나 어려움이 많으면 생명체의 본능인 새끼 갖길 피하겠는가.

한때는 나라 살림 어렵다고 한 아기만을 강조하던 시절이 있었다. 한치 앞도 헤아리지 못한 생명의 억제책은 지금 벌을 받고 있는 셈이다. 이젠 제발 많이 낳아달라고 사정하기에 이르렀다. 싹이 제대로 자라날 수 있는 토양과 환경 조성이 급하다. 하기야 짐승은 조건이 나쁘다고, 나 잘 살겠다고, 새끼를 거부하지 않는다. 그러한 물고기도 없다. 아기 낳고 움 돋고 새끼 쳐야만, 삶의 꿈이 있고 생존의 미래가 있는 것 아닌가.

근래엔 결혼 후 몇 해가 지나도 왠지 아기가 들어서지 않아 애타는 부부도 적지 않다. 손자 하진이도 기다리고 기다려서 얻은 아이다. 아들부부의 나이 삼십대 중반으로 결혼 후 4년 가까이 소식이 없어 초조하고 애가 탔다. 어느 날, 전화선을 통해 들려온 며늘아기의 잉태 소식은 큰 기쁨이요 감격이었다. 우리 부부는 해산 예정일에 맞춰 미국으로 날아갔다.

무릇 태어남은 모진 아픔을 겪어내고서야 얻어지는 것. 녀석도 그랬다. 7월 햇살이 쨍하던 뉴헤이븐의 아침, 병원으로 달려간 아들 내외는 한나절이 넘도록 소식이 없었다. 전화기에 온 신경을 꽂고 '건강한 아기 순산'의 한마디와 수백 번의 '주기도문'으로 피가 마르는 종일을 버티고 있을 때, 드디어 왕자탄생의 소식이 들려왔다. '후유' 하는 안도감으로 단숨에 찾아가 아직 눈도 못 뜬 채 꼼지락거리는 새 생명을 맞았다. 오로지 감사요, 경이로움이었다.

아픔을 잘 참아낸 어미는 말할 것도 없고, 고함치며 몸부림하는 임산부를 12시간 동안이나 달래고 위로하며 메스를 대지 않고 기어이 자연분만을 유도한 의료진도 고맙기 이를 데 없었다. 아이들의 천국이라는 그 나라의 산부인과는 유별나다. 산모와 신생아를 위한 축하 케이크와 꽃 선물이며, 퇴원할 때는 간호사가 정문까지 에스코트해 배웅한다. 차 안을 살펴보고 만일 아기의 안전석이 준비되어 있지 않으면 반드시 아기 시트를 달고 와서 데려가도록 한다. 그 철저한 직업의식 속에서 생명에 대한 경외심과 애정을 엿볼 수 있었다.

사랑으로 튼 싹을 세월은 잘도 길러낸다. 솜털같이 여린 생명이 처음 눈을 떴을 땐 신묘하기까지 했다. 아기는 차츰 목을 가누게 되고, 눈맞춤, 옹알이, 하얀 젖니를 드러내고 쌩긋거리며, 기고, 앉고…. 이 모든 변화의 과정을 사진과 글로, DVD로, 비디오 폰으로, 지구의 이쪽에서도 소상하게 지켜볼 수 있었다.

하지만 직접 만지고 안아볼 수 없음이 안타까웠다. 우린 첫돌 맞는 하진을 보러 미국으로 또 날아갔다. 녀석은 기어 다니기 선수가 되어있었다. 거실로 부엌으로 쏜살같이 달리며 식탁

밑으로 들어가 부딪혀 울기도 하고, 커튼자락 뒤로 숨었다가 "까꿍" 하면 좋아라고 깔깔거린다. 대화의 중심인물도 당연히 하진이가 차지했다. 그로 인해 웃음이 있고, 즐겁고 행복했다. 제 아비가 퇴근해 들어올 때면 소리쳐 반기며 옴쏙 안긴다. 우리 가족 모두에게 녀석은 철철 넘치는 기쁨의 생수가 되었다.

새끼들은 활동이 왕성해질수록 더 많은 위험이 따른다. 잠시만 방심해도 무슨 일이 생길는지 알 수가 없다. 하진이 때문에 아들네도 비상상태다. 이층 아래층 오르내리는 층계마다 막음 장치요, 아기의 손이 닿을 만한 서랍이란 서랍은 모조리 열지 못하도록 조치를 했다. 기어들기 좋아하는 식탁 의자가 골칫거리다. '어린이는 어떠한 경우라도 맨 먼저 구출되고 보호돼야 한다'는 '어린이 헌장'의 한 구절이 떠오른다. 이곳저곳에서 여러 사고로 어린 생명이 희생되고 있음은 어른들의 책임이 크다. 죄송하고 안타까운 일이다.

부모의 노고가 밑거름 되어 아기는 자라난다. 씨앗이 땅에 묻혀야만 싹이 트고 쉼 없이 수액을 빨아올려야 가지가 하늘로 뻗듯이, 하진 어미도 아기 성장에 좋다는 여러 재료들을 구해다 이유식을 만드느라 분주했다. "아- 하고 한 번만 더, 그렇지." 어르고 달래면서 더 못 먹여 안달이다. 걸음마가 늦다고 초조해진 가족들이 녀석의 고사리 손을 잡고 소파 주위를 빙빙 돌면서 맹연습을 시켰더니, 어느 날 기적처럼 홀로 서게 되었다. "섰다, 섰다." 식구들의 박수소리에 의기양양해진 놈의 얄

미운 표정이라니. 차츰 좌우 균형을 잡으려는 본능적 동작으로 두 손을 쳐들고 비틀비틀 한 발짝 두 발짝 앞으로 나아간다. 마침내 직립인간으로서의 첫 발걸음을 떼게 된 것이다. 식구들의 환성이 터졌다. 돌 지난 한달 뒤쯤 기저귀 찬 엉덩이를 뒤뚱이며 제법 아장거릴 때, 우리는 녀석의 곁을 떠나왔다.

그 일년 뒤, 엄마 품에 안겨 한국에 다니러온 하진은 우리 곁에서 폴짝폴짝 뛰어다녔다. 책 출간으로 바쁜 제 어미 대신 녀석은 온전히 할머니와 할아버지의 차지가 되었다. 바쁜 일상을 좀 접어 둔들 대순가. 세월 따라 느슨해진 나를 물고기처럼 팔팔뛰는 놈에게 충전이나 시켜보자. 그는 할미 손을 끌고 냉장고 문을 열라고 압력을 넣어, 제 먹이를 잘도 찾아낸다. 실내를 온통 휘젓고 다니며 만지고, 끌고, 던지며 법석을 떤다. 화장대 위의 로션 병을 얼굴에 대고 바르는 시늉을 하다가 와르르 넘어뜨리기 일쑤요, 전화 벨소리 나기 무섭게 제가 받겠다고 앙탈이다. 아비 목소리는 용케 알아채고 무엇이라 지껄이다가 전화가 끊기면 금방 울상이다. 종일 먹이고, 씻기고, 갈아입히고, 함께 놀아주건만 때때로 앨범을 펼쳐 여린 검지로 제 엄마 아빠 얼굴을 꼭꼭 짚으며 "엄마 가자, 아빠 가자."고 떼를 쓰곤 한다.

하진의 입에선 "맘마, 쉬, 물, 응아." 따위의 제게 당장 필요한 단음절의 낱말들이 쉴 새 없이 싹터 나온다. 그것들은 차츰 말이 되고, 문장이 되어 제 뜻과 생각을 전달하게 되리라. 이국에서 모국어인 한글을 제대로 익혀 쓰게 하자면 부모의 피나는 노력이 따라야 할 터다. 씨 뿌려 돋아난 싹을 끊임없이 물주고, 걸음주고, 북돋우며, 땀 흘려 가꾸는 농부의 성실성을 본받고 배워야 할 게다.

봄비 한 차례씩 맞을 때마다 싹은 쑤욱 쑥 자라고, 풀과 나무는 환성을 지르더니, 온 누리가 초록으로 무성하다. 이제 하진은 미국의 제 보금자리로 돌아갔다. 집안은 다시 적막하고 아무 할 일이 없는 듯 편하긴 하지만, 녀석이 쏟아내던 짜릿한 재미와 기쁨이 없다.

어느 결에 창가의 고구마도 하얀 실뿌리를 잔뜩 내려 줄기와 순을 무성하게 길러내고 있다. 다시 만날 때면 하진은 한층 푸르른 봄 나무가 되어 있을 테고, 우리는 또 그만큼 노쇠해 있으리라. 이렇게 한 세대는 가고, 또 한 세대로 이어지는 것. 정녕, 싹은 우리의 꿈을 품은 미래다.

(2006)

도림천길을 거닐며

열기 품은 햇살이 뜨겁게 쏟아지는 8월 어느 날, 나는 전철에서 내려 평소처럼 도림천길로 들어섰다. 둑 아래를 굽어보니, 그날따라 냇가의 짙푸른 풀숲에서 주황색 원추리꽃이 무리지어 내게 손을 흔든다. 아, 고향 언덕배기 풀밭에 지천으로 피어 있던 그 꽃. 주황색 꽃들의 부름에 끌려 둑 계단을 내려 그들 곁으로 갔다.

조원동으로 이사 와서 이 길을 오고간 지도 어느 사이 십오 년이 넘었다. 아이들이 장성하여 제 둥지로 떠나자, 우리 부부는 이곳 조원로 13길의 조그만 아파트로 옮겨왔다. 신대방 전철역에서 집까지의 거리는 10여 분, 내를 끼고 사람만 다니는 상큼한 길이다.

관악구는 나의 제2고향이나 다름없는 지역이다. 70년대 초, 남편의 서울 전출로 어린 삼남매를 데리고 국사봉 아래 조그만 아파트에서 시작하여 이 지역에서만 세 번이나 이사를 했다. 40여 년 전, 이곳은 말이 서울이지 시골이나 별로 다를 게 없었다. 질퍽한 흙길, 먼지를 풀풀 날리며 달리던 단 두 개 노선의 버스, 달동네라 불리던 언덕배기 판잣집들, 비만 오면 오물을 안고 몸부림치던 흙탕물 개천 등등.

이젠 그 모두가 희미한 추억으로 남았을 뿐이다. 초라한 옛집들은 재개발로 고층아파트 단지로 변신했다. 도림천 위로는 전철이 내달리고, 냇가 주변엔 운동과 휴식을 즐기는 레저 인파로 북적이니, 격세지감이 든다.

잡초 우거진 도림천 변의 풀숲에 서서 곱게 핀 주황빛 원추리와 하얀 개망초, 푸른빛 달개비 따위의 야생화들과 추억 속 옛이야기를 속삭여 본다. 흐르는 냇물을 굽어보며 과자 부스러기를 던지니 송사리가 몰려오고, 제법 큰 붕어들도 보인다. 어디선가 비둘기도 떼지어 날아든다. 도심 속의 자연은 메마른 삶을 촉촉이 적셔주는 윤활유 같다. 작년 여름엔 물오리 한 쌍이 세 마리의 새끼를 거느리고 자맥질하여 먹이를 찾는 모습이 보는 이를 즐겁게 했는데, 올핸 보이지 않아 허전하다. 날로 도림천의 생태계가 생생한 기운을 지니고 무성해져서, 백로도 찾아오고, 청둥오리도 날아들면 얼마나 좋을까. 나는 징검다리를 건너며 어린애처럼 맑은 물에 손을 담가본다.

천변에 조성된 사람들의 공간에도 여러 모습들이 펼쳐진다. 다양한 운동 시설을 이용해 건강을 챙기는 사람들, 그늘진 벤치에서 책을 읽거나 정답게 이야기를 나누는 이들, 자전거를 타고 쌩쌩 달리는 젊은이, 윷놀이 하는 노인들, 배드민턴에 골몰한 부부도 있다. 우리도 이젠 다민족임을 실감케 하는, 중국인을 비롯한 동남아인들도 심심찮게 만날 수 있다. 낯선 한 무리가 둘러서서 눈을 감고 합장하며 기체조 하는 모습이 이채롭다. 여기저기 자리를 펴고 음식을 나누며 환담하는 이들도 많다.

불과 50여 년 전, 이 나라가 궁색하던 시절엔 볼 수 없던 풍경들이다. 그런데, 사람 있던 자리에는 아직도 무심히 버려진 종이조각, 음료수병, 음식물 찌꺼기 따위가 순연한 자연을 괴롭히고 슬프게 하니 안타깝다.

인도의 시성 타골은 '우리를 둘러싸고 있는 대자연은 생명의 샘이다'라고 말했다. 나는 '사람 중심 관악구'란 말을 매우 좋아한다. 한 사람 한 사람이 작은 우주라 했으니, 사람이 존중받고 중심이 되어야 함은 당연하다. 자연을 존중하고 아끼고 보호할 때만이 인간의 자리가 편안하고 행복해질 것이다. 사는 날 동안 말없이 우리를 기쁘게 해주고, 무한한 위로를 주는 자연. 우리 주변의 자연을 침범하거나 절대로 괴롭혀선 안 될 일이다.

도심 속 불편한 환경에서도 봄이면 어김없이 노란 산수유와 개나리, 연분홍 벚꽃이 피어 반기고, 햇볕 쨍한 여름날엔 진초록

터널을 이뤄 행인을 시원케 해주는 시민의 숲길. 색색으로 물든 가을 단풍 훌훌 털어낸 나목의 겨울 길을 걸을 때면, 황혼의 내 삶을 조명해 보곤 한다. 봄, 여름, 가을, 그리고 겨울, 나는 이 고마운 도림천 숲길을 걸으면서 무한한 감사를 느낀다.

(2014. 8)

내 이름

문우들의 가을 주소록이 배부되었다. 거기에 내 이름이 없었다. 아니, 전화번호와 주소는 내 것이 분명한데 이름 난에 '김의정'이 떡 버티고 있는 게 아닌가. 잘못된 프린트를 바로 잡으며 농담조로 한마디씩들 한다. 아예 그 이름이 어떠냐고. 이 나이 되도록 내 이름이 뒤집힌 일은 없어 좀 황당하고 기분이 언짢아지려 했으나, 듣고 보니 '정의'보다는 분명 '의정'이 부르기에 편하고 쉬울 듯도 했다. 하지만 이름을 바꿀 생각은 추호도 없으니, 나는 내 이름을 사랑하기에 그렇다.

이름은 가장 소중한 내 것이지만 애초 내가 선택할 수도 지을 수도 없었다. 만일 스스로 이름을 지을 수 있었다면 좀 더 예쁘고, 부르기 좋은 이름을 택했을 것이다. 초등학교에 입학해서 선생님이 출석부를 들고 바른 내 이름자를 부르기 전까지, 유년의 친구들이나 주변 사람들은 나를 '정애' 아니면 '정희'

로 불러주기 일쑤였다.

여고 때의 어느 날, 나는 아버지께 따지듯 내 이름에 대하여 물어보았다. 왜 하필 부르기 힘든 '정의'라고 지었느냐고. 아버지께선 빙그레 웃으시며 붓에 먹물을 찍어 백지에 '元亨利貞 天道之常, 仁義禮智 人性之綱'이라고 쓰신 후, 한 글자씩 짚으며 뜻을 설명해 주셨다. 중용에 나오는 예의 문구에서 '貞'과 '義'자를 택하여 사주에 맞추고 획수 따져 지은 이름이니 귀히 알고, 이름처럼 곧고 의롭게 살라고 하셨다. 특히 내 이름의 탄생 근원이 된 예의 글귀는 주자가 쓴 소학의 서문에 나오는 구절이라며, 사물의 근본이 되는 도리와 천지자연의 예를 들어 귀에 익도록 말씀하셨다. 그 참뜻을 다 이해하진 못했어도, 나는 그때부터 아버지의 애정이 담긴 내 이름에 애착을 갖게 되었다. 언니들은 자기 이름에 동명이 많다고 불만이었는데, 아버지는 막내인 내 이름에 그도 참작하여 지었을까. 나의 16년 학창생활 중에 한 번도 같은 이름을 만난 적이 없었다.

나는 한글을 애용하지만 내 이름자만은 되도록 한자로 표기하길 고집한다. 부르기에 쉽지 않고 별로 예쁘지 않은 이름이지만, 뜻글자의 힘을 빌리면 아버지께서 의도하신 본뜻을 남들도 감지할 수 있겠거니 싶어서다. 또 다른 이유는 글을 읽다가 '감정의~' '정의' 등의 낱말을 만나면 괜히 신경이 쓰인다. 앞 단어에서 점 하나 빼면 내 이름이 되고, 뒤의 어휘에 김 하나 보태면 내 이름이 되는, 극히 사소한 것에도 민감해지니 이름은 자기만의 소유욕이 강한 것 같다.

나와 가까이 지내는 미국인 선교사 한 분은 내 이름을 영어로 자스티스(Justice)라 지어주었다. 같은 어감의 '정의(正義)'로 알고 그 단어를 택했을 터이지만, 나는 자스티스가 마음에 들어 오래전부터 그리 통하고 지낸다. 특히 교회 목사님의 설교 중에서 '정의'라는 단어를 많이 듣게 된다. 진리에 맞는 올바른 도리, 즉 선교사님이 칭한 '자스티스'를 내 이름에 가미하여 목사님의 말씀대로 살아간다면, 내 이름은 더욱 빛을 발할 것이다.

이름자의 음도 성격에 영향을 미치는 것일까. 어렸을 적에 무척 수줍음이 많고 내성적이던 나는 자라면서 '정의'라는 이름 때문인지, 옳지 않다 싶은 언행을 접하면 기어코 바른 소릴 해야 직성이 풀린다. 친구들의 모임이나 또는 집안의 대소사에 담대히 내 생각을 피력하려든다. 한 지인은 나의 대담한 의사표현도 내 이름 탓이니 어쩔 수 없다고 한다. 정작, 정의의 투사는 어림도 없는데….

모든 것에는 이름이 있다. 하늘의 별들에도, 망망대해의 물고기에도, 산야의 야생화까지도. 이어령의 『차 한 잔의 사상』엔 다음 같은 글이 있다. '생명의 탄생과 활동은 하나의 이름 속에서 시작된다. 그 성명이 호적부에 오르고부터 인간은 사회의 일원으로 공인 받게 된다.'라고.

온 나라가 가난하던 시절, 아버지께선 육남매의 막내로 태어난 내가 무에 그리 귀하다고 딸애의 이름 하나에도 그토록 정성을 기울였을까. 거친 세상에서 좀 더 곧고 의로운 사람으로 살아가게 하려고, 애써 지은 이름 들고 지체 없이 면사무소로 달려가 호적에 바른 글자 확인하며 올렸다는 우리 아버지. 나는 그 이름을 사랑하지 않을 수가 없다.

내 이름을 뒤집은 '의정'의 어감이 부르기에 더 좋은 걸 인정하듯, 때론 나의 사고력도 뒤집어가며 좀 더 다양하고 부드럽게 요리해야 할까보다. 진정한 내 이름의 뜻을 바로 세워 이름답게 살아가기 위해서.

내 것이면서도 남이 더 많이 부르는 내 이름. 하지만 남은 빼앗을 수도 바꿀 수도 없는 것이 내 이름이다. 내가 가진 것 중에서 가장 소중하고 깨끗하게 간직해야 할 것이 이름이라 생각된다. (2015)

능소화

여름 햇살 아래 주황빛 능소화가 어여쁘다.

쨍한 열기 빨아들여 열정으로 피어나는 꽃, 능소화. 그 꽃을 볼 때마다 나는 그냥 반갑다. 아득히 지나간 시절, 고향 동네 우물가에는 키 높은 고목을 타고 작은 나팔 모양의 주황색 꽃이 꽃등처럼 주렁주렁 매달려 있었다. 그 옆 우물에선 아낙네들이 두레박으로 물을 퍼 올리고 푸성귀를 씻으며 까르르 웃기도 하고, 소곤소곤 재잘대기도 했다. 아직 여물지 못한 열네 살쯤의 나는 가끔 초록빛 향나무 곁 정자에 걸터앉아 작은 나팔 모양의 주황색 꽃무리를 마냥 바라보곤 했다. 금방이라도 애절한 나팔소리가 울려 퍼질 듯, 알 수없는 그리움이 뭉게구름처럼 피어올랐다.

고향을 떠나온 뒤, 좀처럼 그 꽃을 만나지 못했다. 지금은 길가의 시멘트 담장도 능소화가 아름답게 단장하고 있지만, 전에는 그리 흔한 꽃이 아니었다. 그런데, '70년대 초 서울의 어느 골목 담장 밑에 주황색 그 꽃이 잔뜩 떨어져 있는 게 아닌가. 푸른 꽃받침 째 통으로 떨어진 꽃은 싱싱했다. 그리운 사람을 만난 듯 왈칵 반가워 한 송이를 소녀처럼 머리에 꽂아보았다. 그때, 아주머니가 대문을 열고 나오기에 꽃 이름을 물었다. '능소화'라고 친절하게 답해준다. 고개를 젖히고 담장 위를 올려다보니, 옛 고향마을 우물가의 그 꽃이 주황색 나팔을 불며 나를 반긴다. 수많은 송이 송이를 그윽하게 바라보며 나는 처음으로 그의 이름을 '능소화'라 불러주었다.

어느 한 대상을 사랑하면 그에 관한 모든 것이 보이게 마련이다. 보면 또 보고 싶은 꽃 능소화. 그 꽃도 그렇게 내게로 더 가까이 다가왔다. 중국이 원산지인 능소화는 당시 양반집에만 심었대서 '양반꽃'이라 불리기도 하고, 높이 올라가 핀다하여 '하늘을 섬기는 꽃'으로도 불렸다. 능소화과의 갈잎 덩굴나무 식물로 7~8월에 나팔 모양의 주황색 꽃이 줄기차게 피어난다. 몸통 큰 나무는 10m까지도 자라, 가지의 가는 덩굴은 고목이든 담장이든 기댈 것만 있으면 타고 올라가 줄기 끝에 꽃망울을 맺는다. 질 땐 꽃받침까지 통째로 뚝 떨어져, 곧장 시들지 않고 며칠은 싱싱한 채 견뎌내는 처절한 꽃이다. 꽃술에 독이 있어 꽃가루 묻은 손이 눈에 닿으면 눈병이 난다하며, 꽃에 손만 대도 떨어지는 결백성을 지닌 꽃이다.

꽃말이 '사무친 그리움, 애절한 기다림'인 능소화의 전설은 슬프고도 애달프다. 옛날 구중궁궐에 임금님은 소화라는 어여쁜 궁녀를 총애하여, 그를 빈으로 격상 시켰다. 이에 시샘하고 모함하는 질투의 화살에 쫓겨 소화는 궁궐 밖으로 나가게 된다. 비련의 그녀는 높은 곳에 올라 까치발을 한 채 궁의 담장 너머 깊은 뜨락, 연모하는 임을 그리다가 상사병으로 뙤약볕 아래서 숨을 거둔다. 소화의 무덤엔 여름철마다 주황색 꽃이 피어나, 사람들은 그 꽃이름을 능소화라 불렀다.

능소화, 임을 향한 사무침으로 뜨거운 열기 속에 그토록 애절하게 그리움을 호소하고 있는가. 연모하는 임 한 번만이라도 다시 보고 싶은 갈망에 기댈 것만 있으면 타고 올라 그토록 애타게 매달려 피는가. 일편단심 그리운 임으로 하여, 다른 이의 손이 닿기만 하면 미련 없이 뚝 떨어져 요절, 아니 수절하나 보다. 임 향한 넋이 한으로 맺혀 예쁜 모습 속에 독을 품고 있는가.

이원규 시인의 「능소화」 구절 중 '오래 바라보다가/ 손으로 만지다가/ 꽃가루 묻히는 순간/ 두 눈이 멀어버리는/ 사랑이라면 이쯤은 돼야지'란 구절이 생각나는 꽃이다.

인생이 그러하듯, 능소화의 한철도 사랑과 그리움과 괴로움으로 흘러가고 있다. 이 꽃 지고나면 가을이 온다. 그리고 계절은 흘러 겨울, 봄 지나 뜨거운 여름이 다시 오면 능소화는 또 임 그리는 마음으로 주황빛 붉게 타오르리라.

(2017. 8)

4.

호수공원의 추억

예기치 않은 동거

살다보면 때로 생각지 않은 장소와 시간 속에서 짜릿한 기쁨을 맛보게도 된다. 그래서 우리 삶은 그리 쓸쓸하고 퍽퍽한 것만도 아닌 것 같다. 사람과 사람의 관계에서 저마다의 마음 따라 밝게도 그려지고 어둡게도 색칠되기에….

2016년 초여름, 나는 미국의 아들집에 다녀오려고 짐을 꾸렸다. 전 같으면 무척 신이 났으련만 이번엔 그렇지가 않았다. 항상 동행하던 남편이 하늘나라로 떠난 후, 처음 홀로 가는 미국길이 너무 헛헛하고, 이것저것 싸는 짐도 버겁게만 느껴졌다.

미국의 북동부에 위치한 코네티컷 주의 교육도시 뉴헤이븐은 예일대학교가 위치해 있어서 더욱 유명하다. 아들은 그 학교의 연구실에서 차로 10분 거리의 웨스트 헤이븐에 봄부터 집을 짓기 시작했다. 늦어도 6월 중순이면 완공 된다며, 그때 맞추어 왕복 항공권을 보내왔다. 전원의 싱그러운 보금자리엔 나의 방도 꾸며놓았으니 오래도록 머무르란다.

6월 24일 정오, 뉴욕의 케네디공항에서 활짝 반기는 아들의 차에 올랐다. 그런데 행선지가 아들네의 신 주택이 아닌, 밀포드 근처의 수림이 울울창창한 어느 모텔이다. 사연인즉, 집의 마무리 단계가 늦어져 짐만 먼저 옮겨놓고, 가족들의 입주는 일주일 뒤로 미루었다는 것이다. 조금 심란해지려는 내 마음을 눈치 챘을까. 어느 상황에서나 긍정적인 아들은 한층 경쾌한 어조로 엄마가 언제 모텔생활 해보겠느냐며 이 기회에 사랑하는 사람과 룸메이트 되어 7일간 재미있게 지내시란다. 사랑하는 사람, 대번 짐작이 되어 설렘의 미소가 번진다.

아들은 무거운 나의 여행가방을 끌어다 226호실 앞에 놓는다. 그 방문을 열려는 순간 키 훌쩍 큰 소년이 환한 얼굴로 "할머니!" 하고 용수철처럼 튕겨 나오며 두 팔 벌려 포옹한다. 금쪽같은 손자 하진이다. 5년 전엔 솜털 보송한 어린애였는데 어느 결에 13살, 변성기를 맞은 중학생이 되어있다. 기특하고 대견하다. 내가 언제 이 녀석과 룸메이트 되어 동거를 할 수 있겠는가. 어릴 적엔 제 부모 품에, 더 자랄 훗날엔 자기만의 생활에 매일 테니 어찌 할미의 차지가 되겠는가. 철도 조금씩 들어가고 말귀도 알아듣는 지금이 딱 좋은 동거의 적기라. 눈에 넣어도 아프지 않을 내 강아지, 하진과의 동거는 기쁨이요 또 다른 설렘이었다.

해가 저물자 'MOTEL 6'라 쓰인 세로로 된 간판의 전광 불빛이 유난히 붉은 빛으로 번쩍인다. 모텔의 소박한 규모에 비해 많은 차들이 들어오고 있다. 비교적 시차 적응이 빠른 나지만 태평양을 건너온 여독으로 첫날의 밤은 뒤척이다 새벽을 맞았다. 창밖 정원에선 이름 모를 새가 "찌륵 찌르륵" 쉴 새 없이 재잘댄다. 3개월의 여름방학을 맞은 손자는 맘껏 느긋하고 자유로울 것이다.

모두가 잠들어 있는 둘째 날 이른 아침, 아들이 나를 불러낸다. 모텔 뒤쪽에 환상적인 산책로가 있다며, 주변의 지도를 보고 알아냈다는 것이다. 그 길을 함께 걷자는 말에 피곤이 말끔히 달아나는 기분이다. 아들은 익히 알고 있다. 엄마는 근사한 인위적 시설보다 자연의 매혹에 쉬 감동된다는 사실을. 아들을 따라 오랜 수령의 울창한 나무 사이 오솔길로 들어섰다. 인적이라곤 없는 호젓한 숲길이다. 한참을 비탈로 내려가니 아담한 호수가 갈대숲에 가려있다. 물빛이 맑아 주변 풍경이 어리비친다. 호수 둘레를 따라 걷다보니 숲 사이에 낡은 판목의 아치형 다리가 나타난다. 산에서 호수로 흘러드는 물길 위로 산책하기 좋도록 놓은 다리다. 그 다리 외에는 산책로 주변에 인공시설이라곤 조그만 벤치 하나도 보이질 않는다. 오솔길 따라 간간이 나무에 분홍 리본이 매여 있어, 보이지 않게 관리하는 손길이 있음을 감지할 수가 있었다. 6월의 수목이 내뿜는 힘찬 기운을 온몸에 받으며 든든한 아들의 등 뒤에서 파란 하늘을 올려다본다. 회색 두루미 한 쌍이 부드러운 날갯짓으로 하늘을 맴돌다 사뿐히 갈대숲에 내려앉는다. 아들은 그 아름다운 정경 속에 우리 모자의 모습까지 넣어 동영상을 찍는다. 호수를 빙 둘러 나오니 40여 분쯤 걸렸다. 자연을 자연 그대로 보존한 맑고 그윽한 산책로가 있어, 소박한 모텔이지만 손님들에게 그렇듯 인기가 있는가 보다.

지구의 반대편인 미국의 밤은 한국의 낮 시간, 나의 휴대폰에선 한밤중에도 "카톡, 카톡" 경쾌한 알림음이 울려댔다. 늦도록 컴퓨터에 심취해 있던 손자 녀석은 "할머니, 누구는 카톡 했어?" 하고 어눌한 한국말로 말을 건다. "누가 카톡 보냈어요?"라고 바로 잡아주자, 머리를 긁적이며 씩 웃는다. 나는 미국 갈 무렵에야 폴더폰을 스마트폰으로 바꾸었기에 여러 가지로 사용이 미숙해서 손자의 도움을 받아야만 했다. "할머니, 카톡 크게 울려 잠 못 자."라며, 밤엔 음을 줄여주고, 낮엔 사진과 동영상 찍어 보내는 법을 영어와 한국말 섞어가며 애써 설명해준다. 하진은 이 할미에게 스마트폰 사용법을 가르쳐주는 것에 꽤 자부심을 느끼는 듯했다. 나도 '천장, 벽, 이불' 따위의 낱말과 식사 땐 내가 싸들고 간 '멸치, 명란젓, 참기름, 깨소금' 등 주변의 것들을 한국말로 가르쳐주는 국어 선생 노릇을 한다. 녀석은 제 어미가 현지인 한국어 교사로 『한국어 배우기』 책까지 발간했지만, 문밖만 나가면 꼬부랑 언어니 좀처럼 잘 익혀지질 않는 것 같다.

하진은 틈만 나면 다양한 컴퓨터 프로그램에 푹 빠져 시간

가는 줄 모른다. 내가 좀 염려의 시선으로 바라보면, 눈치 빠른 녀석은 'Math. 25'라 적어주며 매일 수학문제도 25개씩 풀고, 컴퓨터로 작곡도 한단다. 내가 보기에 그는 가히 컴퓨터 박사다.

나는 될수록 그의 시간을 간섭하지 않고자 책 한 권 들고 슬그머니 모텔 수영장 옆 파라솔 밑으로 간다. 거기 따끈한 나무 벤치에 누워 흘러가는 구름도 바라보고, 친지들 카톡의 답도 보내고, 책도 몇 페이지 읽다가 손자와 점심을 같이하려고 들어온다. 하진은 팔 벌려 허그하며 "할머니, 어디 가서 와."라고 애교를 떤다. "어데 갔다 오셨어요?"라고 고쳐주면, 눈을 찡긋 고개를 끄덕이고는 나의 폰을 열어보며 보낸 카톡이 안 들어갔다고 '재전송'을 눌러준다. 우리는 그렇게 서로가 선생노릇을 하면서 애정이 깊어갔다. 서구 문명 속에서 태어나 자란 녀석은 제 애비 기를 때와는 다르게 퍽 애교스럽다. 역시 설레는 남자다.

하루는 내가 좀 쓸쓸해 보였던지 금빛 색소폰을 꺼내어 들고 아주 멋진 포즈를 취하며 연주를 해준다. 곡은 경쾌한 크리스마스 캐럴. "여름날의 크리스마스, 아주 멋있는데." 추켜세웠더니, 처음 레슨 받고 교회 어린이 시간에 발표한 곡이라며 어깨를 으쓱한다. 가끔 마술도 보여준다. 팔을 휘두르며 엄지와 검지에 빨간 불을 번쩍이는 아주 단순하면서도 독특한 마술이다. 그의 쇼맨십은 제법 마술사 같은 제스처를 취해, 할미를 한참 웃게 만든다. 그는 할머니가 제 술수에 꼼짝없이 속은 줄 알고 있지만, 나는 그가 숨겨놓은 살 빛깔의 손가락 끼우개를 우연히 보게 되어, 그걸 조작해보면서 혼자서 얼마나 웃었는지 모른다.

새벽 4시쯤이면 어김없이 지저귀는 창밖의 새소리에 잠을 깬다. 하진은 이불을 걷어차고 곤히 잠들어 있다. 나는 이불을 가만히 덮어주며 사랑스런 그의 모습을 보고 또 본다. 멋 내기 아가씨 손톱처럼 길게 자란 손톱 발톱도 잘라줘야겠다고 생각한다.

한 방에서 13살의 손자와 함께 먹고, 자고, 서로가 선생노릇도 하면서 깔깔대던 우리의 동거는 아쉽게도 단 7일로 끝났다. 우린 새 주택으로 들어가서도 주말이면 황혼의 대서양 파도 소릴 들으며 해변의 모래사장을 함께 뛰어다녔다. 그 여름날의 짜릿한 기쁨은 지금도 미소를 머금게 한다.

(2016)

연심(戀心) 열쇠

- 장가계를 찾아

2005년 칠월 초순, 중국의 장가계로 여행을 떠났다. 앞서, 그곳을 다녀온 친구는 "보는 곳마다 감탄사가 절로 나와, 와! 와! 관광지로 불린다. 직접 가서 보아야 안다."며 여행 소감을 함축했다. 시안을 거쳐 가는 일정이기에 전에 들렀던 진시황릉의 일부인 '병마용'을 다시 한 번 둘러볼 수 있었다. 그 거대함엔 여전히 미스터리를 안고, 이틀 후 자그만 국내용 비행기에 올라 호남성 북서부에 위치한 장가계로 날아갔다.

그곳 도착은 초저녁, 공항의 불빛 희미한 화장실엔 휴지도 제대로 끼어있지 않았다. 숙소로 향하는 좁다란 길은 밤에도 도로공사를 계속하고 있어, 한참씩 차가 지체되었다. 길 주변엔 초라한 집들의 마을이 보일 뿐, 첩첩 산이 병풍처럼 둘러있다. 그래, 문명을 등질 수밖에 없었던 곳이기에 이토록 천연의 비경이 잘 보존 되었는가. 오랫동안 숨겨있던 이 절경이 세상 밖으로 알려진 건 미국의 위성 촬영에 의해서란다. 이젠 관광지로 개발되어 각국에서 여행객이 몰려들고 있다. 5년 전부터 이곳 여행이 활발해져, 요즘엔 동양인 중에서도 특히 한국 관광객이 많다고 한다. 그곳엔 원화가 통용되어, 거대한 삼림공원 초입에 즐비하게 늘어선 상점마다 울긋불긋한 장신구며 가방과 옷가지, 과일 따위 먹거리를 진열해 놓고 "싸다, 싸, 몽땅 천원."을 외쳐댄다.

장가계의 삼림공원은 천자산, 삭계욕과 함께 무릉원 풍경구라 불리며, 유네스코에 의해 이미 세계 자연유산으로 지정되어 있다. 휘둘러보니 눈이 닿는 곳마다 온갖 기이한 형상의 봉우리들이 구름과 안개를 너울처럼 두르고 우뚝우뚝 장관을 이룬다. 그 신비한 풍경은 전설 속 무릉도원이 예 아닐까하는 착각을 일게 한다. 진(晉)나라 시인 도연명이 '도화원기(桃花源記)'에서 이상향으로 묘사한 무릉도원이 자못 이곳이라 하였다는 말을 실감하게 된다.

'장가계(張家界)'는 장씨들이 이곳에 모여 살았대서 붙여진 명칭이다. 한고조 유방의 책사인 장량은 한나라를 세운 일등공신이었으나 대권을 잡은 유방이 자기를 죽이려는 기미를 눈치 채고, 권력을 미련 없이 버리고 이 산속으로 숨어들었다. 지금은 토가족, 묘족 등 몇몇 소수민족이 그들만의 독특한 풍속으로 원시적 순수를 누리며 살고 있다. 이들은 남녀가 서로 눈이 맞으면 호수를 마주보고 사랑의 노래를 부르며 마음을 주고받는다니 낭만 그득한 자유연애라 생각된다.

장가계의 사도도랑 북쪽 기슭엔 또 하나의 절경을 이룬 원가계가 있다. 그곳의 천하제일교는 하늘에 걸린 듯 두 개의 봉우리에 걸쳐 있다. 다리를 건너며 하늘로 높이 치솟은 산봉우리를 발에 힘을 주며 올려다보고, 깎아지른 듯한 절벽을 숨죽여 내려다보노라면 오금이 저리고 현기증이 인다. 폭 5m의 다리를 거닐다가 흥미로운 모습에 눈길이 쏠렸다. 헤아릴 수 없이 많은 자물통이 다리 난간에 채워 있는 게 아닌가.

천연의 자연 속에 쇠붙이 자물통이라니. 나의 궁금증을 자그만 체구의 조선족 안내인이 풀어준다. 이곳에 관광 온 연인들은 깊고 아름다운 경치에 취하여 사랑맹세의 이벤트를 벌이게 된다. '너와 나의 사랑 영원히 변치말자'며 자물통은 다리 난간에 걸어 잠그고, 열쇠는 354m 아래의 아득한 계곡으로 던져버린다. 그 열쇠를 일컬어 '연심 열쇠'라 한다. 만일 둘의 마음이 변하여 헤어져야 할 상황이 되면 계곡으로 던진 열쇠를 찾아내어 자물통을 따야만 한다니, 이는 영원히 변치말자는 사랑의 굳센 다짐이다. 비경에 심취하여 빚어낸 일회성 행위로 보기엔 왠지 간절함이 느껴진다.

사랑하는 순간 자기 넋은 상대방 심장에 꽂혀 자신들도 모르게 서로에게 붙잡혀 있게 마련이다. 그건 신비롭기까지 하여 꿈을 꾸는 것 같지만, 냉혹한 현실 속이다. 둘 사이에 언제 풍랑이 밀려들고, 어떤 방해물을 만나 그들의 사랑이 금가게 될는지 알 수 없다. 하지만 이 시간이 가고 저 시간이 흘러도 비경 속에서 '연심 열쇠'로 맺은 마음 길이 변치 말자고 계명처럼 새겨보는 연인들. 대체 이 기발한 아이디어를 맨 처음 누가 생각해 냈을까.

다리 끝 자그만 칸막이에서 한 남자가 열쇠 만들기에 열중해 있다. 그는 심심찮게 찾아드는 손님들에게 돈 얼마를 받고 자물통과 열쇠를 건네며 미소 짓는다. 한낱 쇠붙이인 이것들은 비바람에 녹슬어 자연 속 공해가 될 테지만, 어쩐지 사랑의 의미부여를 해주고픈 심정이다. 사랑은 무섭도록 지독한 것. 신라 박제상의 아내는 바다 건너간 남편을 기다리다 그대로 망부석이 되지 않았던가.

웅장하고 수려하며 야성미까지 겸한 천자산엔 종일 구름이 피어올라 오묘한 풍경을 연출해 내고, 구불구불한 계곡으로 이어진 삭계욕의 호수며, 중국의 국보로 불리는 '황룽'엔 기기묘묘한 여러 돌기둥이 장관이다. 특히, '정해신침'이라는 26m 높이의 종유석은 1억원 상당의 보험에 들었을 정도로 유명하다.

내리쬐는 햇살에 땀을 훔치며 156개의 계단을 올라 보봉호수의 나룻배에 몸을 담는다. 푸른 물결 위로 떠가는 나그네를 위하여 호숫가 숲 속에 정박해 있는 자그만 나룻배에서 휘장을 젖히고 나온 알록달록 옷차림의 원주민 아가씨가 고운 목소리로 노래를 불러준다. 손 흔들어 답례하며 나그네는 흘러간다.

협곡 양편 무성한 숲 사이로 보이는 기암괴석들은 그냥 한 폭의 수려한 그림이다.

이곳의 절경에 흠뻑 취해 돌아오는 내게 유독 천하제일교 난간에 걸린 자물통이 진한 인상으로 남는 건 왜일까. 자연을 통하여 사랑을 충전해 온다면 더없이 값진 여행일 터. 40년을 함께한 우리 부부는 굳이 그 특별한 사랑의 이벤트 없이 그곳을 떠나왔다. '연심 열쇠' 연인들의 사랑이 오래 지속되길 바라면서….

(2005)

시누이의 새싹

2012년 여름, 독일에서 청첩장이 날아왔다. 큰시누이가 독일 땅에 남긴 단 한 점의 혈육, 토비가 9월 8일에 화촉을 밝힌다는 소식이다. 반가운 한편 아릿한 기분이다. 2년 전, 제 어머니 생전에 식을 올렸더라면 얼마나 기뻐했을까.

내 머릿속에 각인된 시누이의 모습은 검정 칼라에 흰색 두 줄 박이 세일러복 차림의 해맑은 단발머리 소녀다. 그의 둘째 오빠와 내가 결혼을 했을 때, 그는 전주 성심여중 2학년생이었다. 시골에서 농사짓던 부모님 곁을 떠나 띠 동갑인 오빠와 자취를 하고 있었다. 신혼 초, 주말부부였던 우리는 부모님이 구해 보낸 어린 도우미들의 어설픈 도움을 받으며 가사를 꾸려나갔다.

우리에게 아기가 생기고, 또 막내 시동생과 시조카도 시골에서 올라와 중 고등학교를 다니게 되면서 방 두 개짜리 셋방은 대가족으로 시끌벅적했다. 시누이는 수줍고 얌전한 인상과는 달리 의외로 당차고 화끈한 성미였다. 시동기들이라 내가 차마 할 수 없는 잔소릴 도맡아했다. 제 소지품 정리정돈하기, 방청소와 몸 씻기, 숙제 미루지 말기 등, 동생과 조카를 다잡았다. 게다가 그들의 왕성한 식욕을 채워주지 못해 쩔쩔매는 나를 도와 밀 부침개와 계란말이도 척척 잘 해냈다. 연탄화덕에서 보리쌀 섞은 밥이 제대로 뜸이 안 들어 내가 발을 동동거릴 때면 식빵을 구워 상추 잎에 버터 발라 샌드위치도 잘 만들던 시누이다.

온 나라가 가난의 굴레에서 벗고자 몸부림치던 6~70년대, 정부는 한강의 기적을 꿈꾸며 외화획득을 위한 해외 인력수출의 일환으로 광부와 간호사를 독일에 보낸다. 반면에 세계 제2차 대전 후의 독일은 라인강의 기적으로 불리는 경제성장으로 노동력 부족 사태를 겪게 된다. 그래 힘든 육체노동이 요구되는 일자리를 외국인 노동자로 채웠다. 간호조무사 자격증을 취득한 시누이는 고향의 초등학교 양호교사로 근무하던 중 과감하게 파독 간호사 행렬에 끼어 비행기에 올랐다. 한창 아리땁고 꿈 많던 아가씨는 흰색 물방울무늬 보라색 원피스를 입고 떠났다. 색동 한복 한 벌과 부모 형제들의 사진을 가방에 고이 넣어 가지고 그렇게 독일로 갔다.

우월감과 자긍심 강한 게르만민족 틈에서 때로는 심한 수모도 겪어내고, 그네들의 소박하고 근면 성실한 실용성도 배우면서 시누이는 고된 생활을 이겨냈다. 고향을 향한 그리움으로 외로울 때, 같은 병원에서 만난 백인 심리치료사의 친절은 연정을 싹트게 했으리라. 키 나직하고 콧수염이 인상적인 독일 청년 라우와의 사귐은 그렇게 시작되었다. 심리학 박사학위를 취득한 라우에 자극받아 시누이도 피나는 노력으로 각종 독일어 강의록을 습득하면서 독일 말도 유창하게 할 수 있었다.

두 사람의 정은 깊어졌는데, 시누이는 그곳 임무를 마치고 귀국하게 되었다. 그렇지만 조신한 동양 여인을 흠모하던 라우는 시누이를 다시금 독일로 불러들였다. 그들은 성당의 신부님 앞에서 영원을 약속하고, 한국으로 신혼여행을 나와 가족들의 축복 속에 부부의 연을 다졌다. 아름다운 섬 제주 여행 중 허니문 베이비로 태어난 아이가 그들의 유일한 아들 토비아스이다.

토비는 제 아버지의 용모를 쏙 빼어 닮은 백인이지만, 머리카락만은 용케도 모계 쪽을 이어 까맣다. 꼼꼼하고 합리적인 성품, 감성이 배어나는 눈웃음이 매력적인 청년이다. 컴퓨터 공학을 전공한 그는 출장 중 어느 세미나에서 방송계의 동독 아가씨를 만나 서로 사랑하게 된다. 동그스름한 얼굴, 어딘지 동양적 풍모인 아들의 연인을 생전의 시누이는 무척 좋아했다. 그들이 쉬 혼례의 예식을 올렸으면 하고 채근했으나, 토비는 경제적 이유를 들어 좀 더 자립한 후를 고집했었는데….

시누이는 세상 떠날 걸 예감이라도 했던 걸까. 2008년 가을,

회갑을 맞아 남편과 함께 아들을 데리고 세 식구가 한국을 찾아왔다. 겨우 3주 머무는 동안, 어릴 때 뛰놀았던 고향마을도 찾아가고, 부모님 산소도 참배하고, 고국의 정든 산천 곳곳을 빠짐없이 둘러본 후, 북한의 개성공단까지 다녀왔다. 우리 모두가 궁색하던 시절에 떠나간 내 나라, 그 한풀이라도 하려는 듯 다음번엔 며느리와 손주까지 함께 와서 모국의 발전상을 보여주겠다던 시누이. 애석하게도 그는 갑작스런 암 발병으로 한국을 다녀간 이듬해 유월, 62세를 끝으로 세상을 떴다. 애통한 소식을 접한 형제들은 곧장 독일로 달려가 시누이의 마지막을 지켜봤다. 그때 아쉽게도 함께하지 못한 나는 그 2년 후, 토비의 결혼 초대장을 받게 된 것이다.

2012년 9월 4일 아침, 토비의 결혼식에 참석코자 막내시누이 모녀와 인천공항에서 만났다. 세차게 쏟아지는 비로 인해 1시간가량 지체한 비행기는 줄곧 11시간을 날아서 프랑크푸르트 공항에 도착했다. 장밋빛 노을에 물든 석양, 그곳의 하늘은 처절하도록 아름다웠다. 시누이가 첫발을 디딘 후 40여 년 정들고 이젠 잠들어 있는 땅이다. 콧수염의 남자가 두 팔을 벌리며 환한 미소로 다가왔다. 어딘지 조금은 초췌해 보이는 시누남편 라우. 우리는 그의 차에 올라 시내에서 1시간 거리의 마인탈 공원묘지로 향했다.

시누이의 묘소에 헌화할 꽃을 구하자 그는 샛노란 해바라기 밭으로 우릴 안내했다. 시누이가 고향을 그리며 많이 좋아했던 꽃이란다. 출입구의 함에 동전 몇 개 넣고는 큼직한 가위로 6송이의 해바라기를 길게 잘랐다. 3송이는 묘소 앞에 놓고, 3송이는 집으로 가져가 고인의 영정 앞에 꽂겠다는 게다. 시누이의 유택 앞 주변은 흰색과 보라색 히아신스로 잘 꾸며져 있었다. 하얀 돌비엔 시누이의 정든 이름자가 짙게 새겨있다. 숙연한 마음으로 묵도를 올리려니, 미소 띤 시누이가 달려와 반갑다고 얼싸안을 것만 같다. 황혼의 묘역을 뒤로하고 발걸음을 떼어놓는 막내시누이와 나의 눈에서는 자꾸만 눈물이 흘러내렸다.

땅거미 진 얼마 후, 적막한 라우의 집에 이르렀다. 식탁 위엔 색스런 과일과 정성 어린 케이크가 준비되어 있다. 하얀 거실 벽에 걸린 시누이의 활짝 웃는 사진이 우리를 아프게 반긴다. 그 옆 액자엔 그의 아들 토비와 예비신부가 여아를 안고 있는 사진이 행복해 보인다. 혼전 아가의 탄생에 서둘러 결혼식을 올리게 된 것이다.

결혼 예식은 신부 댁이 있는 동부의 라이프지이에서 거행하게 된다. 막내시누이 모녀와 나는 기차를 타고 가기로 했다. 명소마다 내려 구경도 하면서 큰시누이가 정들었던 땅 독일을 서부에서 동부까지 그렇게 가고 있었다. 시누남편 라우와 조카토비는 식장에서 만나자고 우리의 계획을 말해주었다. 차창 밖에 비단결처럼 펼쳐진 끝없는 초원을 부러운 마음으로 감상도 하고, 지도를 든 조카딸의 안내로 명소가 있는 역마다 내려 관광도 했다. 기차에서도 자고, 호스텔에서도 지냈다. 2박의 짧은 여정이지만 잊을 수가 없다. 퀴센의 환상적인 고성 노이슈반 스타인과 뮌헨의 시가지도 둘러보았다. 통독 전에 새겼을 진한 낙서투성이의 베를린 장벽을 보며 분단된 조국을 생각하니, 마음이 무거웠다. 그렇게 3일 뒤 라이프지이에 도착했다.

미리 와서 우릴 기다리던 라우와 신부 가족들이 기차역으로 나와 반갑게 맞아주었다. 고풍스런 신부 댁의 아름다운 정원엔 설토화가 흐무지게 피어있다. 아늑하고 평화로운 분위기 속에서 정성껏 준비한 저녁식사를 한 뒤, 시내에서 조금 벗어난 전원의 호텔에 여장을 풀었다. 토비의 고운 신부 클라우디아, 그리고 어여쁜 새싹 올리비아와도 첫 대면을 할 수 있었다. 이 짜릿하고 기쁜 만남에도 마음 한 구석이 삭연함을 어쩌랴. 토비의 엄마가 같이했다면 얼마나 행복했을까.

600년 된 교회에서의 결혼식은 경건하면서도 환희에 차있었다. 많은 하객들 속에서 시누이의 손녀 올리비아도 외할머니 품에 안겨 제 엄마 아빠의 결혼을 별빛 눈망울로 지켜보고 있다. 시누남편 라우는 우리를 배려하여 한글 병행의 인사말도 따로 인쇄하여 나눠주었다. 진정, 감동의 축제였다. 그런데 그곳의 파란 하늘은 왜 그다지도 적막해 보였던가.

다음날, 우리는 귀국행 비행기에 올라 시누이가 잠든 땅 독일의 산하를 하염없이 굽어보았다. 시누이의 그루터기에서 움터 나온 싹, 그리고 그의 새싹이 대를 이으며 이곳에서 희망차게 살아가길 염원하면서….

(2013)

그 밤의 비상벨 소리

- 북유럽 여행 중

2007년 사월 중순, 나는 12일간의 북유럽 여행길에 올랐다. 50여 년 지기 고향친구 영과의 동행은 어느 나들이보다도 끈끈하고 가슴 벅찼다. 우리는 오래전부터 이 우정여행을 별러왔지만 서로의 바쁜 생활에 매여, 생의 뒤안길에 이른 이제야 뜻을 이루게 된 것이다. 벗과 나는 그동안의 쌓인 이야기 타래를 풀고 또 풀어낼 요량으로 기내에서도 바싹 붙어 앉았다.

새파랗던 시절, 우리들 앞에 어떠한 장애물이나 고통이 있으리라곤 전혀 예상치 못하고 희망찬 발걸음을 내딛었듯, 그렇게 우린 벅찬 기쁨과 설렘으로 여행을 떠났다. 바이킹의 전설이 살아 숨쉬는 스칸디나비아 반도의 3개국인 덴마크, 스웨덴, 노르웨이, 작곡가 시벨리우스의 영혼을 노크해 볼 수 있는 핀란드, 그리고 거대한 러시아의 상트페테르부르크에서 모스크바까지~. 호기심 그득한 매혹의 곳곳에서 목마른 영혼 흠뻑 적셔 돌아오리라 다짐하면서….

미지의 사람들이 같은 일정을 갖게 되는 패키지여행은 출발 시간부터 돌아오는 순간까지 한 가족 공동 운명체나 다름없다. 어느 한 사람의 불상사는 모두의 여정에 큰 차질을 빚게 되므로 안내자는 틈틈이 세심한 주의를 일깨우곤 한다. 우리 일행 20명은 여행의 첫날을 비행기 안에서 보내고, 둘째 날 덴마크의 코펜하겐에서부터 관광이 시작되었다. 자전거가 주된 교통 수단인 그곳은 도로는 막히지 않아 좋았다. 매년 1백만 명의 관광객이 몰려든다는 게피온 분수와 인어상을 찾았을 때, 일행 중 한 명이 "내 카메라, 카메라" 하며 다급하게 소리친다. 북적대는 관광객들 속에서 순식간에 50만 원짜리 사진기를 날치기 당한 것이다. 그녀는 가방을 열더니 여권도 없어졌다며 발을 동동거린다. 가슴이 철렁했다. 누누이 여권 조심을 강조했던 가이드는 당황한 표정을 애써 감추며 모두들 버스에 타라고 지시했다.

차창 밖 코펜하겐 항은 그림처럼 아름다운데, 제대로 감상할 겨를도 없이 허겁지겁 뒤돌아서는 우리를 안타깝게 지켜보는 '인어 아가씨', 그 명성에 비해 극히 소박한 이 청동 인어상은 조각가 에르바르드 에릭센이 자국의 세계적인 동화작가 안데르센을 기리기 위해 그의 작품 '인어공주'를 상징화한 조각품이다. 유명세만큼이나 수난도 겪고 있어, 검은색 차도르가 씌워지기도 하고, 밤사이 누군가에게 붉게 페인트칠이 되어 신고 받은 경찰이 출동한 일도 있으며, 종종 머리 부분이 잘려나가기도 한다니 안쓰럽다.

다행히 인어상 앞에서의 소매치기 사건은 카메라만 잃고 아슬아슬 넘길 수 있었으니, 차에 올라 가방 속을 샅샅이 살피던 그녀는 "여권은 여기 있네요."라며 계면쩍게 웃는다. 우리는 자기 일처럼 안도의 박수를 쳐주었다. 하지만 그녀 바로 뒷좌석의 세련된 두 여인은 그가 주책없다는 듯 흘겨본다. 그렇건 말건 우리의 버스는 다음 행선지를 향해 조용히 달리고만 있다.

셋째 날의 노르웨이 관광을 위하여 일행은 스웨덴의 헬싱보리 항구에 도착 후, 거기 함스타드 지역의 'Quality'호텔에 여장을 풀었다. 영과 내가 한방에서 잠자리를 갖게 된 것이 얼마 만인가. 중고교 시절 서로의 집을 오가던 그때가 까마득하다. 피곤함도 잊은 채 우린 추억의 이야기꽃을 피우다가 늦게야 잠이 들었다.

밤이 얼마큼 깊었을까, '뜨르르 띠리 띠리 띠리링 띠리링-' 연거푸 울려대는 벨소리에 번쩍 눈을 떴다. 엉겁결에 전화기를 들었으나 불통이다. 시계를 보니 2시 반이 넘었다. 퍼뜩 불길한 생각에 떨리는 마음으로 방문을 열어보니, 자욱한 연기 속 여기저기서 웅성거리는 소리가 들리고 매캐한 냄새가 코를 찌른다. 놀라서 벌떡 일어난 친구에게 어서 나가야한다고 다그쳤다. 친구는 여권 백이 없어졌다며 그걸 찾느라고 정신이 없다.

지금 여권이 문제냐고 소리치며 나는 대충 꾸린 짐을 챙겨들고 영을 앞세웠다. 물론 엘리베이터도 운행정지 상태다. 사력을 다해 가방을 끌어내리며 나선형의 층계를 빙빙 돌아 8층에서 1층 로비까지 기진맥진 내려왔다.

그곳엔 백인, 황인 등 모든 투숙객이 모여 불안한 표정으로 서성대며 "무슨 일이냐?"고 호텔 직원에게 캐묻고 있다. 호스를 든 소방관들이 급히 오르내린다. 그때, 우리 일행 중 7층 룸의 두 여인이 하얗게 질린 얼굴로 맨발인 채 뛰어내려와 자기들 방에서 난 불이라고 실토한다. 인어상 앞에서의 카메라 여인을 흘겨보던 바로 그녀들이다. 벽에 걸어놓은 가운이 난방기구에 떨어져 가방과 한쪽 벽을 태웠다는 것이다. 천행으로 그 밤의 불 소동은 그쯤에서 잘 마무리 되었다. 7층 이상의 투숙객은 연기를 모두 빼낼 때까지 얼마를 기다려서야 방으로 들어갈 수 있었다.

친구를 애먹인 여권 백도 옆방의 젊은이가 챙겨줘 '후유' 하고 가슴을 쓸어내렸다. 초저녁에 잠깐 들렀던 그 방에 두고 왔던 게다. 우리는 모든 게 감사해서 서로의 손을 꼭 잡고 뜨거운 기도를 올렸다. 그리고 다시 자리에 누웠으나 이제 잠은 천리나 달아나, 벗과 나는 또 못다 한 이야기보따리를 푼다. 결혼 후, 우린 전주와 서울에 떨어져 살면서 다 터놓지 못했던 희비고락의 일들을 주고받으며 함께 웃다 울다가 그 밤을 지새웠다.

다음날 아침 식사시간, 우리 일행은 한결 가까워진 마음으로 다정하게 인사들을 나눈다. 불 소동을 낸 7층의 룸메이트들은 일일이 식탁을 찾아다니며 죄송하다고 정중하게 고개를 숙였다. '호텔 지배인이 오히려 자기들에게 사과 하더라'는 말을 전하며, 스웨덴은 과연 신사의 나라라고 찬탄한다.

비상벨 울려대던 그 밤을 잘 겪어낸 일행은 편안한 마음으로 다음날의 노르웨이 관광에 나섰다. 산과 호수, 빙하가 어우러져 만들어낸 천혜의 자연은 환상적이다. 산엔 흰 눈이 쌓였는데 평지에는 꽃이 피고 있어, 겨울과 봄을 동시에 볼 수 있었던 것도 행운이었다. 차 안엔 그리그의 솔베이그 송이 잔잔하게 흐르고, 창 밖 양편엔 절벽을 타고내리는 수많은 폭포가 장관이다. 애절한 솔베이그의 노래는 입센의 희곡에 그리그가 곡을 붙인 '페르귄트 조곡' 중 일부로, 벗과 나는 지난시절을 추억하며 '그 겨울이 지나 또 봄은 가고, 또 봄은 가고….' 흥얼거려본다.

처음엔 좀 서먹하던 일행도 함께 며칠을 지내다보니 개개인의 성품이나 언동, 사생활까지도 어렴풋이 엿보게 되어 많이 친숙해졌다. 더욱이 그 밤의 화재사건은 우리에게 한 방의 된 예방주사가 되어, 남은 일정 내내 매사에 조심하며 서로 아끼고 돌보았다. 핀란드로 향하는 유람선 실자라인 안에서는 갑자기 60대 아저씨가 빈혈로 쓰러져, 운 좋게도 일행 중 약사와 간호사가 있어 신속한 도움으로 소생시킬 수 있었다.

마지막 목적지인 러시아, 네바강이 흐르는 상트 페테르부르크를 찾았다. 아, 거기 에르미타쥐 박물관과 미술관, 여름궁전, 겨울궁전의 웅장함이여. 모스크바의 상징인 크레물린 궁, 양파 모양의 우스펜스키사원과 붉은 광장의 성 바실리사원을 마음과 눈에 담고 귀국길에 올랐다.

그랬다. 우리 삶의 길엔 전혀 예기치 않은 순간에 공포의 비상벨이 울려댈 때가 있다. 건강의 적신호, 경제적인 어려움, 믿었던 이의 배신, 군데군데서 가로막는 장애물, 두려운 천재지변까지. 도저히 내 힘만으로는 어찌할 수 없던 태산과 홍해는 어떻게 넘고 건너왔던가. 겸손히 참으로 겸손히, 자비하신 전능자 앞에 납작 엎드려 뜨겁게 매어달릴 수밖에. 아픔을 통해서 이나마 성숙해지고, 평소 세심한 주의와 조심으로 전진할 수 있었던 게 아닌가. '환난 날에 나를 부르라 내가 너희를 도우리라.' 돌이켜보면 지나온 길목마다 보이지 않는 은혜의 손길이 돌보셨음을 절감하게 된다.

우린 날개도 없이 먼 하늘을 날아서 무사히 인천공항에 도착했다. 천천히 카트를 밀고 나가는 우리를 머리 희끗한 남편들이 마중 나와 손을 흔들며 맞는다. 큰 반가움에 가슴 울컥해진다. 소란한 세상에서 하루하루 무사할 수 있다는 것은 얼마나 큰 은총인가.

(2008)

스메타나 호숫가에서

맑고 아늑한 호수, 스메타나는 미니에폴리스 근처 이든 프래리에 있다. 아들집에서 도보로 20여 분 남짓의 거리에 그처럼 아름다운 호수가 있다는 것은 기쁨이었다. 나는 호수가 좋아서 곧잘 그 호숫가로 나가곤 했다. 고요 속에 평안을 느끼게 하는 호반을 거니노라면 차분히 기도하는 마음이 된다. 좀 더 사랑하고 싶고, 더 이해하고, 좀 더 주고 싶은 마음이 물안개처럼 피어오른다. 언제나 속 깊고 따스한 친구 되어 말없이 나를 품어주는 호수. 여기 미네소타 주에는 1만여 개가 넘는 호수가 있다니 가히 환상적인 지역이다.

5월 중순경, 남편과 함께 그곳에 도착했을 때 한국에선 이미 진 벚꽃이 그제야 한창 피어나고, 도로변 노란 꽃물결을 이룬 민들레는 씨방을 날리기 시작했다. 꽃처럼 활짝 반기는 손자 놈도 그간 훌쩍 자라있었다. 아침이면 어린이 학교로, 병원으로 아들네가 서둘러 나간 뒤, 우리 내외는 천천히 걸어 호숫가로 나간다. 나지막한 언덕의 숲으로 둘러싸인 스메타나 호수, 그 주변은 늘 적막하여 새소리가 더욱 청량하게 들린다. 어쩌다 조깅하는 백인과 만나게 되면 하나같이 미소로 "하이." 또는 "헬로." 인사를 건네며 손을 들어주는 친절에 사람 사이의 따스함을 느끼게 된다.

먼 이국에선 고향의 낯익은 들풀도 퍽 반갑다. 우리 들녘엔 지천인 쑥을 한 포기도 볼 수 없어 궁금하던 중, 뜻하지 않게 그리운 꽃 자운영을 만났다. 야트막한 언덕에 분홍색 군락을 이룬 자운영 꽃에 왈칵 눈물이 날 뻔했다. 고향에서도 요즘엔 좀처럼 볼 수 없는 추억의 꽃 자운영. 가난하던 시절, 거름용으로 시골 들녘을 불그레 물들였던 애잔한 그 꽃을 타국에서 해후하게 될 줄이야. 마음 따라 시선도 한참 동안 그 꽃 위에 머문다. 홀로 푸덕이던 재두루미 한 마리가 고목 등걸에 앉아 휴식을 취하는데, 갑자기 물 튕기는 소리가 잔잔한 수면의 정적을 깬다. 산란기 잉어들의 지느러미 짓에 남편의 눈빛이 반짝인다.

다음날, 낚시도구 챙겨든 할아버지 손을 잡고 따라나선 손자놈은 신이 났다. 숲을 보고 만화 속의 정글이라며 깡충대는 녀석 앞으로 새끼토끼 한 마리가 잽싸게 달아난다. 나무 타는 줄무늬 다람쥐도 볼 수 있었다. 숲 깊은 오솔길 옆 낚시용 벤치에서 할아버지는 인조미끼 끼운 낚싯줄 힘껏 던져보지만 걸려

나오는 건 물풀 아니면 붕어새끼다. 그도 좋아라고 소리치는 손자 놈이 귀엽기 그지없다.

한 날은 호숫가에서 다복한 기러기 가족들을 만날 수 있었다. 언덕에서 밤을 보내고 먹이를 찾아 물로 내려가는 일곱 쌍이, 적게는 두어 마리에서 열 마리까지의 새끼를 거느리고 있었다. 질서정연하게 모두가 새끼를 가운데 두고 어미 아비는 앞뒤에 보초를 서서 길을 건너다가 사람을 보자 끼룩거리며 깃털을 세우고 노려본다. 물 위에서도 가족끼리의 대열을 흩뜨림 없이 떠다니며 자맥질을 한다. 내 어릴 적, 고향의 시린 하늘을 'ㅅ'자 꼴로 끼룩끼룩 날아오고 날아가던 그 자그만 겨울 철새를 가까이서 보니 몸집이 꽤나 크다. 이곳 기후에 적응한 텃새가 되어, 학교 운동장에도 떼 지어 날아들고, 잔디광장에서도 군무를 하듯 푸덕임이 장관이다. 금슬 좋고 장수한다는 기러기, 우리의 전통 혼례식장 초례상에 놓였던 나무기러기 한 쌍의 의미를 새삼 되짚어본다.

호수라고 항상 잔잔하기만 하던가. 어느 날은 갑자기 태풍이 먹구름 몰고 불어 닥쳐 거센 비바람에 우지끈 나뭇가지가 꺾이고, 평화롭던 새들의 둥지도 부서져내려 우수수 떨어진 나뭇잎들과 함께 호수 위에 출렁대며 한바탕 소동을 벌인다. 하지만 따스한 햇볕 다시 수면에 내려 잔잔해진 호수는 평화를 되찾는다. 햇빛 있어 그늘도 생기는 것. 삶을 향해 불어오는 비바람도 지혜와 용기로 잘 이겨내며 나아가야하는 우리네 삶을 생각한다.

남편이 먼저 한국으로 떠난 뒤에도 나는 틈만 있으면 호숫가로 나갔다. 손자 녀석의 한글 선생 노릇도 하고, 친구가 되어 같이 먹고 놀며 구경도 다녔다. '얼굴 하나야 손바닥 둘로 꼭 가리지만/ 보고 싶은 마음 호수만 하니/ 눈 감을 밖에' 정지용의 시 「호수」는 피붙이와 헤어진 후의 내 마음을 읊은 것 같다.

호숫가를 홀로 걷노라면 마음 더욱 고즈넉해지고 생각도 깊어진다. 나는 늘 호수 건너편이 궁금했다. 기어코 한 바퀴를 빙 둘러 보리라 작심하고 나섰다. 평소 거닐던 반 바퀴가 40분쯤 걸리니 그리 힘든 코스는 아니라 싶어, 주변을 구경하며 느릿느릿 발걸음을 옮긴다.

어느 사이에 봄꽃은 지고 여름 야생화가 길섶에 한창이다. 내가 언제 이렇게 한가한 날이 있었던가. 꽃봉오리 벙긋한 하얀 수련을 굽어보노라니, 책 한 권을 든 노신사가 다가와 나무 벤치에 앉는다. 활짝 웃음 짓는 그분께 같은 표정으로 답해주고 걷기를 계속한다. 무성한 잡초 속에서 보랏빛 엉겅퀴가 반갑다고 손짓한다. 꽃에서 윙윙거리는 벌들과도 말을 건네 본다. 고향의 지난날 엄마의 바구니 그득 담겨온 그 꽃의 뿌리는 아버지의 무릎관절 약으로 쓰였었지.

얼마를 더 걷노라니 초원에 자그만 집 한 채가 나타나고, 보트 두어 척이 한가롭게 손님을 기다리고 있다. 때마침 한 청년이 보트 곁으로 다가서서 매인 줄을 푼다. 그는 무슨 생각을 하며 이 한낮의 고요를 노 저어 나아가는가. 자연은 역시 사람이 있어야 더욱 빛을 낸다. '내 마음은 호수요. 그대 노를 저어 오오~' 나직이 흥얼대며 걷다보니 출발점 가까운 언덕이 보인다. 거기, 붉게 핀 해당화 옆 나무 그늘에서 젊은 남녀가 바이올린을 켜고 있다. 곡명은 알 수 없으나 해당화 향내에 섞여 감미롭다. 그 선율 속에 나는 불현듯 작곡가 스메타나의 이름이 떠올랐다. 연작 교향시 '나의 조국' 현악 4중주곡으로 체코 국민음악의 아버지로 불린 그 음악가와 이 호수의 이름이 같아서였으리라.

그 여름의 끝 무렵, 내가 귀국할 즈음엔 호숫가의 자운영도 해당화도 다 이울었다. 어느 결에 자라난 새끼기러기들도 어디론지 모두 날아가 버리고, 어미 아비기러기만이 적막한 호수 위에서 쓸쓸히 유영하고 있었다. 호수길 오며 가며 주운 솔방울과 기러기 깃털에 뜰의 돌멩이를 곁들여서 기념물 한 점을 만들어 창가에 놓는다. 내가 떠난 후, 텅 빈 방이 허전하지 않도록….

귀국행 가방을 꾸리면서 나는 그동안 깊고 따스하게 나를 품어주었던 호수, 스메타나도 마음 깊숙이 간직해 둔다.

(2010)

브라이언 호수공원의 추억

연초록 5월이 열리던 날, 큰딸 미혜가 먼 하늘을 날아왔다. 꽃향기처럼 소리 없이 찾아 들었다. 제 아버지 세상 뜬 후, 엄마 홀로 있는 친정에 오긴 처음이다. 딸은 환하게 웃는 아버지의 사진 앞에서 숙연해진다.

큰딸 내외는 IMF 한파가 휩쓸고 간 2천 년도에 어린 남매를 데리고 캐나다로 이민을 갔다. 사위는 근무하던 은행의 합병으로 얼마 동안 외국인 회사에 스카웃되어 다녔으나, 젊은 꿈을 안고 단호히 고국을 떠났다.

우리 부부는 딸네의 이국 생활이 걸려, 그들이 밴쿠버에 살 때 두어 번 찾아갔다. 피아노를 전공한 딸은 그곳까지 옮겨간 그랜드피아노로 학생들 레슨을 하고, 사위는 컨설팅 계통의 직장에서 열심히 일하고 있었다. 몇 년 후, 그들은 또 아이들 진학을 생각하고 토론토로 이사를 했다. 낯선 땅 동서로 옮겨 다

나는 이민 생활의 고달픔이 오죽했으랴. 그래도 힘겨운 삶의 연속을 잘 이겨낼 수 있었던 버팀목은 건강하고 총명하게 자라나는 아이들이었으리라.

딸애는 지난 이야길 나누던 중, 건강한 아버지를 마지막 만났던 2011년 8월의 추억을 더듬는다. 당시 미네소타 주에 살던 아들집에서 우리 내외는 여름을 보내고 있었다. 그 소식을 들은 딸네는 일주간의 휴가를 내어 달려왔다. 캐나다의 토론토에서 국경 넘어 미국의 미니에 폴리스까지 그 먼 길을 부부가 번갈아 운전하고 하룻밤을 지새우며 찾아왔다. 중·고등학생이 된 동원과 나현은 튼실하고 어여쁘게 잘 자라있었다. 외동이 손자 하진은 이종사촌 누나와 형을 만나자 좋아서 어쩔 줄을 모른다. 집안에 웃음꽃이 넘치는 여름날이었다.

그 8월 중순 어느 날, 아들의 안내로 미니에 폴리스 근교의 브라이언 호수공원으로 피크닉을 갔다. 야채, 불고기 등 푸짐한 점심거리와 아이들의 간식을 싣고서 신나게 떠났다. 낚시 마니아인 할아버지는 애들처럼 들떠있다. 울창한 숲 속 드넓은 호수는 맑고 고요하다. 하진보다 5살 손위인 동원은 사촌동생을 끔찍이 아꼈다. 하진은 형을 졸졸 따라다니며 풀어놓은 망아지처럼 숲 속을 쏘다녔다. 깜찍한 나현은 할아버지의 낚시에 잔뜩 호기심을 가지고 예쁜 눈을 반짝인다. 손주들이 지켜보는 재미에 한층 신나는 할아버지의 손놀림이다. 물 위의 찌가 요동치자 낚싯대가 휘청하면서 힘차게 끌어올린 은빛 붕어 한 마리. 환성과 박수에 할아버지는 행복하다. 민물고기 매운탕 즐기는 할아버지가 어망에 붕어를 넣으려하자, 나현은 질색을 하면서 다시 물속에 넣어주자고 호소한다. 할아버지는 못이긴 척 호수에 물고기를 돌려주며 손녀의 환한 얼굴에 함께 기뻐한다. 그날은 낚은 물고기 전부를 호수에 되돌려 주었다.

하늘의 뭉게구름이 잠깐 흩뿌린 비에 숲은 더욱 생기롭고 공기는 한결 상쾌하다. 즐거운 점심시간, 공원에 설치된 화덕에서 사위는 고기를 굽느라 손놀림이 분주하고, 아이들은 넘치는 식욕으로 입놀림이 바쁘다. 야외 점심은 누구에게나 꿀맛, 사랑하는 사람들과 함께하는 식사는 보약이 따로 없다.

그날 오후, 피크닉의 절정인 보트놀이. 우리는 두 대의 보트에 나눠 타고 서로 손을 흔들며 야호를 외치고 물결 위로 나아간다. 호수를 적당히 돌아 나오는 코스다. 파란 물결은 찰랑찰랑 우리를 반기고, 우리는 흥겨운 노래를 부르며 호수의 정경을 맘껏 즐긴다. 푸른 하늘에 넓은 날갯짓으로 유유히 맴을 도는 재두루미 한 쌍, 주변 숲 속의 청량한 새소리와 잡풀 사이사이 청초한 야생화들, 그곳 철새가 된 기러기 떼들의 호수 변 군무도 장관이다. 옷을 벗고 모래 위에 누워 일광욕을 즐기거나 비치파라솔 밑에서 책을 읽는 백인들의 여유로움도 엿본다. 우리도 브라이언 호수공원의 품에 안겨 한 폭 정겨운 풍경이 되어있다.

땅거미 질 무렵, 운동을 좋아하는 남편은 공원의 테니스코트를 찾아 아들 사위랑 힘차게 라켓을 휘두르며 땀을 쏟았다. 하지만, 세월을 당하겠는가. 밤엔 옆구리와 등이 뻐근하대서 건장한 사위의 솜씨 좋은 마사지를 받고서야 잠이 들곤 했다. 그렇게 일주일은 훽 지나고, 딸네가 떠나는 날이다. 다음번엔 토론토에서 만나자 약속했으나, 우리는 그 약속을 지키지 못했다. 그해 여름의 아들집 방문은 남편의 마지막 미국 여행길이었으니….

어버이날 아침, 딸은 엄마의 건강을 기원하는 꽃그림 카드와 카네이션 화분, 그리고 초콜릿 케이크를 거실의 탁자 위에 조심스레 올린다. 눈물이 핑 돈다. 큰딸의 이민생활도 이젠 뿌리를 내려 안정되고, 어린것들 자라나 어엿한 대학생이 되었으니, 아버지가 계셨으면 매우 기뻐했을 게다. 첫째에게 쏠리는 부모의 마음은 좀 더 뜨거웠다는 걸 그들도 알고 있을까….

홀로이던 나에게 큰딸과의 3주는 아늑했다. '엄마, 등 좀 꼿꼿이 펴'라는 호통도 싫지 않고, 틈마다 나의 등을 두들겨 주는 그의 손길은 따스하기만 했다. 푸른 신호로 바뀌기 무섭게 길을 건너려는 내게 차 조심을 외치는 핀잔도 노엽지가 않았다. 컴퓨터의 막히는 부분을 물을 때마다 답답하기도 했으련만, 아이 다루듯 자세히 설명할 때면 나는 그저 순한 양이 되었다. 지난날 딸에게 잔소리 하던 엄마의 시절은 멀리 가버렸다. 세월은 그렇게 엄마와 딸의 위치를 바꾸어 놓았다.

항상 염려했던 딸애의 이국생활, 이젠 엄마를 되레 염려하고 뒤돌아보면서 큰딸은 토론토로 떠났다. 6년 전, 아빠와 함께했던 브라이언 호수공원의 추억을 절절이 그리워하듯, 그는 또 언젠가는 엄마와 함께한 고국에서의 20여 일을 사무치도록 그리워하리라.

그렇다. 삶은 그리움의 연속, 우리는 그 끊임없는 그리움을 위해 사는지도 모른다. (2017. 5)

딸과 함께 3박 4일

- 일본 북해도(홋카이도)를 찾아

화사한 봄꽃들이 꽃구름처럼 피어나던 4월 초, 막내딸 미성에게서 전화가 걸려왔다. 제 남편의 배려로 엄마와 둘이서 일본여행을 하게 되었으니, 예약 날짜를 잡자는 거다. 늘 동분서주하던 막내가 틈을 낼 수 있어 기뻤다. 제 아버지의 일주기를 보내며 허허롭던 내 마음이 훈훈해진다.

3박 4일의 홋카이도 여행을 앞두고 가방을 꾸리기 시작했다. 나이 관계없이 여행이란 즐겁고 설렌다. 그런데, 4월 중순의 뉴스 속보에 세상이 들썩인다. 예기치 않은 강진이 일본 규슈 구마모토현을 강타한 것이다. 규모 6.5의 1차에 이어, 7.3의 강진과 계속되는 여진에 9명의 사망자와 많은 부상자, 그리고 여러 채의 가옥이 무너져 내렸다는 보도다. 친지들 중엔 우리의 일본행을 극구 만류하기도 했다. 하지만 우리의 여행지 북해도는 일본열도의 최북단으로, 별 문제가 없다는 연락을 받고 안심했다.

떠나는 날 아침, 하늘은 청명하고 4월의 훈풍마저 살랑댄다. 인천 국제공항에서 기다리고 있던 딸애가 활짝 웃으며 다가온다. 전에 없이 더 반갑다. 비행기 창가에 나란히 앉아 그동안의 이야기를 나누다보니 신치토세 국제공항에 도착되었다. 창밖엔 비가 내리고 있었다. 가방을 찾아 끌고서 '노랑 우산' 팻말을 든 가이드 쪽으로 가서 남녀 30여 명과 합세했다. 3박 4일의 여정을 함께할 일행들이다.

세찬 빗물이 버스의 차창을 때리고 있었지만, 나는 별로 불안하질 않았다. 지난날 여러 번의 여행 중, 한 번도 비로 인한 어려움이 없었다는 내 믿음의 확신이었다. 가이드는 딸애와 동갑내기로, 우리 외손녀 또래의 대학생 자녀를 둔 주부다. 한층 친근감이 든다. 첫 여행 코스인 북해도 신궁으로 향하면서, 그는 홋카이도의 위치와 인구, 사계의 자연과 기온, 그리고 그곳의 농산물 등을 성실하게 설명해 주었다. 하얀 눈 내려 쌓인 북해도의 겨울은 특히 장관이라며 겨울 여행도 권한다.

신궁에 도착했을 땐 비가 말끔히 그치고 초봄의 햇살이 쨍하다. 마당의 아름드리 고목에 매인 줄엔 수많은 소원의 쪽지가 주렁주렁 꽂혀있다. 실내로 들어서니 오묘한 표정의 화려한 신들이 여러 명 모셔 있다. 무슨 의식을 베푸는지 곱게 차려입은 여인들이 합장하며 둥글게 돌고 있다. 지진이 많은 나라 일본은 토속 신앙의 뿌리가 깊어, 특히 기독교의 전도가 어렵다고 들었다. 일본 여행 중 교회가 통 눈에 띄지 않는 것도 그런 이유인가. 발리 등 섬나라 여행 때도 길가의 많은 신당을 보면서 불안한 환경 속 무언가에 의존하지 않을 수 없는 인간의 나약함을 생각했었다.

미야호모리 스키잠프 경기장으로 가는 언덕길엔 자작나무가 울창한 숲을 이루고 있다. 러시아 여행에서 본 자연림 같다. 딸과 둘이서 왕복 리프트를 타고 표고 300m의 스키 점프대 정상에 올라 삿포로 시내를 굽어본다. 수년 전 동계올림픽이 열렸던 삿포로는 귀에 익은 지명이다. 리프트를 타고 내릴 때, 이 어미를 조심스레 부축하는 막내를 보며 흘러간 세월을 생각하게 된다. 그 애들 어렸을 적, 설악산의 케이블카 안에서 좋아라고 깔깔대는 녀석들을 데리고 젊은 엄마 아빠는 얼마나 신경을 썼던가.

해가 설핏할 즈음, 삿포로 도심의 시민들 휴식처인 '오오도리' 공원을 둘러본다. 우리의 3월 초 기온인 그곳은 아직도 쌀쌀하여 벚꽃은 작게 망울져 있고, 양지쪽 개나리만 군데군데서 노랗게 반긴다. 보기 좋게 조성된 여러 종류의 알록달록 키 작은 팬지, 튤립 따위의 서양종 꽃들만이 화사하다. 120년 동안 맑은 종소리가 변함없이 울리고 있다는 삿포로 시계탑을 올려다보며 조잔케이로 이동했다.

조잔케이 그랜드호텔에 도착하여 푸짐한 뷔페로 저녁식사를 한다. 막내는 그 많은 가짓수의 요리에서 용케도 내 입에 맞는 것들을 잘도 골라와 내 앞에 놓는다. 나는 그의 보호를 받는 아이가 된 느낌이다. 편한 게 좋으니 늙긴 늙었나 보다. 거기서 첫날의 짐을 풀고, 옷장에 정갈하게 준비된 미색 유타카로 갈아입으니 일본 여인이 된 느낌이다. 우리 모녀는 호텔 온천장에서 따끈한 온천욕을 하고, 여행의 첫 밤을 맞는다. 쉬 잠이 들 리 없다. 미성은 아빠와의 어릴 적 추억을, 나는 사위의 사업과 유학중인 외손녀들의 근황을 묻는다. 엄마의 글쓰기, 딸애의 영미작품 번역, 새로 시작했다는 독서클럽 이야기도 나눈다. 과거, 현재, 미래로 딸과의 사흘 밤은 아마 그렇게 깊어갈 게다.

모닝콜에 잠이 깨어 둘째 날의 짐을 챙기는데, 엄마 가방은 무엇이 그리 많으냐고 딸애가 묻는다. 모성본능이 빚어낸 가방 속 내용물을 알아차리고는 "내가 어린앤가" 그런다. 괜한 신경을 썼다는 얘기다. 나는 북해도의 기온이 서울보다 많이 낮다는 정보에 막내가 부실한 옷차림으로 행여 감기라도 들세라, 내복과 두툼한 스카프 등을 여벌로 챙겨 넣었던 거다. 그건 어미의 착각이었을 뿐 실상, 딸은 내 도움이 전혀 필요가 없었다.

영화 '러브레터'의 촬영지인 오타루. 오타루의 오르골 전시장엔 오밀조밀 수많은 유리 조형물과 온갖 모형의 세공품이 휘황한 조명에 빛을 발한다. 아주 섬세하고 치밀한 일본인의 솜씨에 감탄하게 된다. 오타루의 번영기를 보여주는 운하를 둘러보며 길 따라 산책을 한 뒤, 닛카 위스키 곁들인 해물정식으로 점심을 했다. 닛카 위스키 발효와 제조장을 견학하면서, 더디지만 전통을 고수함에 박수쳐주고 싶었다. 니세코로 이동하여 일본 100대 명수의 하나로 꼽힌다는 '후키다시 공원'의 약수를 시음한 후, 물병에 받아들고 차에 올랐다.

여행의 둘째 밤은 아름다운 도야 호숫가의 썬팔레스에서 보낸다. 한겨울에도 얼지 않는다는 도야호수는 짙푸르고 고요하다. 숙소 창밖으로 펼쳐진 자연은 환상적이다. 호수 건너편의 웅대하고 잘생긴 산. 눈 쌓인 그 산이 바로 북해도의 후지산이라 불리는 요오테이산이다. 일본 100대 명산의 하나로, 원추형의 성층화산인데 정상엔 큰 분화구가 있으며, 2003년 일본 기상청에 의해 활화산으로 지정됐다고 한다. 하얀 요오테이산은 여행 내내 우리를 따라다니며 지켜주었다. 썬팔레스는 하도 넓어서 식당이나 온천장을 갈 때는 딸의 안내 없인 어리둥절했다. 아침 산책을 하며 호수와 연접한 호텔 정원의 아름다운 해돋이를 배경으로 여러 장의 사진을 찍었다. 지구 곳곳 자연은 아름답고 문화는 신묘하다.

여행의 셋째 날쯤이면 차츰 일행의 윤곽도 드러나기 시작하고, 성품도 조금씩 파악하게 된다. 아침의 미소는 정답고, 바뀐 옷차림들도 상큼하다. 일행은 여행 마니아를 자처하는 70대 초의 부부동반 6쌍, 60대의 여고 동창들, 50대 후반의 직장 동료들로, 이들은 우리 모녀를 여러모로 배려해 주었다. 정작 내 마음은 파란데, 80의 노모를 잘 보살피는 딸애가 기특해선지 버스에서도 앞좌석은 언제나 우리에게 양보했다. 디즈레일리의 말처럼 여행은 관용을 가르치는 것이라 생각되었다.

세 개의 작은 섬이 있는 도야호수를 유람선 타고 둘러보는 시간, 관광객이 재미삼아 던져주는 과자 부스러기에 수많은 갈매기 떼가 몰려든다. 인공 먹이에 포동포동 비대해진 갈매기 모습이 안쓰럽다. 딸애는 스마트폰에 담은 다양한 포즈의 갈매기를 제 딸들에게 보내느라 바쁘다. 계속해서 여행 중의 모든 것들을 영상 또는 동영상으로 제 새끼들과 공유하고 있다. 아래로 더 짙게 흐르는 것이 혈육의 정인 것 같다.

오후, 자작나무 숲길을 달려 노보리베츠로 이동했다. 에도시대를 배경으로 한 테마파크 노보리베츠 자다이무라를 거쳐, 일만 년 전 다케야마 활화산 분화구의 흔적인 시뻘건 황토빛 지옥계곡을 조심스레 걷노라니, 곳곳 웅덩이의 치솟는 온천수에서 유황냄새가 진동한다. 지진의 나라 일본을 실감하게 된다.

구 삿포로의 노보텔에서 여행의 마지막 밤을 맞는다. 어릴 적부터 총명하고 명랑했던 막내, 미성(美星)은 이름처럼 아름다운 별로 주변사람들의 총애를 받으며 자랐다. 이젠 중년으로 접어드는 딸, 그 애와의 3박 4일도 휙 지났다. "엄마, 여름에 미국가면 오빠네랑, 캐나다 언니네랑 크루즈하면서 맘껏 즐기세요." 나의 아쉬움을 눈치 챈 딸애의 위로다.

비행장으로 향하기 전, 북해도의 구청사를 찾았다. 국가의 중요 문화재로 지정된 관광명소다. 여러 나라의 기증품이 보기 좋게 진열되어 있다. 태극문향의 비단 보자기와 자개 박힌 보석함에 유독 시선이 끌린다. 벽에 걸린 사진 중엔 낯익은 서울 시장님도 보인다.

우리의 전용차는 마지막 임무를 위하여 말과 자연이 함께하는 '노잔 호스 파크'로 달린다. 널찍한 초원엔 여러 마리의 흑, 적, 백마뿐 아니라 귀여운 조랑말도 활기차게 뛰놀고 있다. 각자의 취향대로 풍선 활쏘기, 말 타기, 마차타기를 즐길 수 있다. 나는 딸과 함께 덩치 큰 붉은말이 끄는 마차를 타고 10여 분 동안 숲길을 달리면서 몽골의 끝없는 초원을 상상해 본다. 여정의 마지막 코스로, 풍요로운 자연경관을 자랑하는 '칼데라 호수'와 '시코츠코 호수' 변을 느긋한 마음으로 거닐며 고운 햇살처럼 모녀는 도란거렸다.

멀어져가는 요오테이 산의 정경을 뒤로하고, 신치토세 국제공항에서 17시 출발의 TW252기에 올랐다. 여행은 언제나 제자리로 돌아오는 것. 딸과의 따스했던 3박 4일은 그렇게 또 하나의 추억을 만들고 흘러갔다. (2016)

선실 창가에서

- 카니발 썬샤인호 크루즈 중에

대서양의 물소리, 여름 햇살 아래 윤슬로 반짝이며 끊임없이 출렁대는 저 파도….

나는 지금 거대한 배의 자그만 선실 창가에서 검푸른 바다를 바라보고 있다. 끝 간 데 없는 바다처럼 상념도 이어진다. 서로 뭉치고 흩어지고, 일어나고 스러지는 물살은 내 귀에 무언가를 끊임없이 속살대고 있다. 모자람도 넘침도 없는 저 바다. 이는 창세에도 그러 하였으리라. 이 웅대한 자연 앞에서 느낌만 벅찬 채, 나의 감동을 만족하게 전달할 수 없음이 안타깝다.

건물 십층 높이의 '카니발 썬샤인호', 이 배는 뉴욕에서 출항하여 캐나다의 쎄인트 죤까지, 4박 5일의 일정으로 대서양 물살을 가르며 힘차게 나아가고 있다. 지난 봄, 미국에 사는 아들은 70고개를 별 탈 없이 넘긴 어미의 생신 축하로 캐나다의 제 누나네와 서울 여동생네가 저희 집에 모여 함께 크루즈를 하자고 제안했다. 아들은 삼년 전인 2013년, 부모의 금혼 기념으로 이미 멕시코 쪽 10여 일의 크루즈 계획을 짰었다. 아들이 예일대학교의 수련의 때 태어난 손자가 죽순처럼 자라나 중학생이 되고, 아비는 그 학교 신경정신과 교수로 임직 받은 무렵이니, 우리 부부는 여행에 앞선 마음이 더 벅차 있었다. 하지만, 시샘의 파도는 제 먼저 덮쳐왔다. 나의 동반자는 뜻하지 않게 위암 수술을 받고, 2년 투병 끝에 하늘나라로 여행의 방향을 바꾸어 떠났다. 그때 무산된 크루즈, 이번엔 내 의견대로 거리와 기간을 단축했다. 바쁜 일정으로 막내딸네가 같이하지 못해 아쉬웠다.

큰딸네와 아들네, 두 대의 차는 정체된 뉴욕의 중심가를 가까스로 뚫고 승선수속을 마칠 수 있었다. 여행 첫날의 짜릿한 기쁨과 평안함이라니. 60여 나라에서 모인 각양각색의 사람들은 온통 환희에 넘쳐보였다. 주로 백인 뉴요커들이 중심축이다. 아무런 속도감 없이 출항한 배가 맨해튼 남쪽 리버티 섬을 지날 때, '자유의 여신상'이 나타나자 환성을 질러대며 찰깍 찰칵 사진을 찍느라 법석들이다. 하얀 포말을 일으키며 배가 먼 바다로 나아갈수록 주변의 풍경은 멀어지고, 지침 없이 찰랑이는 파도만이 또 하나의 풍경을 이룬다.

배 안은 세상을 축소해 놓은 듯 모든 것이 구비되어 있다.

방학을 맞은 손주들의 눈빛은 반짝인다. 실컷 먹고 놀겠다는 심산이다. 나는 부지런히 그들의 꽁무니를 따라다니며 내 나름의 호기심과 느낌으로 마음 그득하다. 종일 열려있는 푸짐한 뷔페, 층층에서 시간 따라 벌어지는 각종 쇼와 게임, 영화, 연극, 노래, 마술, 개그, 온갖 놀이기구와 체육시설, 여러 전시장과 카지노까지. 그 북새통에도 비치파라솔 밑에서 조용히 책을 읽는 이들도 있다. 걷기조차 힘들어 보이는 뚱보들, 주렁주렁 원색의 액세서리로 치장한 여인, 팬티만 걸친 남녀, 제멋대로들 즐겁고 당당해 보인다. 먹고, 마시고, 떠들며 수많은 인파가 이리저리로 물결치듯 움직인다. 파티가 있는 날의 분위기는 또 사뭇 다르다. 정장과 롱드레스로 말쑥하게 치장한 남녀가 다정하게 마주 잡고 멋들어진 동작을 연출한다. 서구인들의 파티문화는 화려하다. 나는 구경만으로 즐기다가 슬그머니 침실로 들어왔다.

검푸른 바다는 틈마다 나를 창가로 불러낸다. 해돋이, 해넘이, 햇볕 쨍한 대낮, 칠흑 같은 밤 할 것 없이 나 또한 바다에 매료되었다. 틈틈이 연회색 커튼을 젖히고 철썩이는 바다를 굽어본다. 엄마의 자궁 속처럼 어둑한 밤바다. 나는 그의 침묵에도 귀를 기울인다. 더 깊고 심오한 이야기를 품고 있을 것만 같아서다. 나의 세월도 추억의 파도를 남기고 물결치듯 흘러왔다. 비록 평탄했던 삶이었지만 때때로 넘나든 파도인들 없었겠는가. 젊은 날의 병마와 궁핍으로 실의에 빠졌던 한 시절, 보이지 않는 손길의 보살핌은 바다처럼 너른 은총이었다. 태어나고, 성장하고, 사라지는 일련의 흐름도 바다 위의 물결 같은 것. 물결의 파형은 다양하지만 물은 언제나 똑같은 것이듯, 우리네 삶도 그렇지 싶다.

지구의 자전이 이뤄낸 일출과 일몰의 바다는 장엄하다. 끝없는 지평선을 붉게 물들이며 둥근 불덩이가 동에서 불끈 솟아오르고, 서쪽으로 조용히 넘어간다. 창세로부터 되풀이 된 변함없는 풍경이리라. 지구의 사분의 삼을 차지하고 있는 바다, 물이 바다로 오기까지는 얼마나 많은 장애물을 스스로 비껴가며, 넘고, 숙이고 흘러왔겠는가. 이처럼 순하고 겸손한 물도 성이 나면 무섭다. 사나운 파도의 벽으로 달려들어 사정없이 모든 것을 할퀴고 휩쓸며 삼켜버린다. 이 엄숙한 '無爲自然', 노자 도덕경 5천자 가운데 가장 근본이 되는 가르침 아니던가.

여행의 둘째 날, 손주들에 이끌려 배의 맨 꼭대기 옥상으로 조심스레 올라갔다. 미니골프 코스가 여러 모양으로 10여 개나 설치되어 있다. 애들 할아버지가 무척이나 즐기던 골프, 그 게임을 하자며 편을 갈라 골프채를 들려준다. 걔들은 속으로 할머니는 그저 참가만 하면 된다고 생각했겠지. 나는 그들 보라는 듯 힘차게 채를 휘둘러 홀 안으로 공을 굴려 넣었다. 남편이 집에서 연습할 때마다 해본 솜씨다. 손주들의 박수가 쏟아진다. 할아버지도 하늘나라에서 굽어보며 빙그레 웃고 있겠지….

그날 저녁엔 아시안 레스토랑 '하바나'에서 아들 딸네가 마련한 생일 축하모임이 있었다. 바다가 보이는 라운드 테이블에 모두가 둘러앉았다. 손수 그림을 그려 만든 손주들의 카드를 받고, 할아버지와의 추억도 되새긴다. 화기애애한 여정의 시간이다. 함께 낳아 기르고 가르친 아들딸, 나 혼자 호사 받으며 행복해도 되는 것인지. 마음 한 편이 아릿하다. 조금 가라앉으려는 기분은 13살 손자 놈의 매끄럽지 못한 변성기 축가에 웃음으로 반전된다.

햇볕 쨍한 셋째 날 아침, 목적지인 캐나다의 ST. JOHN에 도착했다. 조용하고 깔끔하며 고풍스런 도시다. 박물관과 여러 고적지를 제한된 시간에 다 볼 수 없는 아쉬움에 언젠가 다시 들르고 싶은 마음이었다. 도시 전체가 관광객을 위한 Wi-Fi 무료 제공으로 배 안에서 차단되었던 카톡이 길거리에서도 경쾌한 음을 터트린다. 손자는 신이 나서 공원 벤치에 앉아 스마트폰 게임에 열중한다. 시간을 지켜 선내로 들어서니 많은 승객들은 배 안의 시설을 즐기고 있다.

크루즈 마지막 밤의 빅 쇼는 휘황찬란한 조명과 화려하게 차린 출연자들의 열연으로 장관을 이뤘다. 조명을 끈 노래공연의 절정엔 관광객들이 일제히 켠 휴대폰의 라이트 불빛으로 어둠 속에 하늘의 별처럼 반짝거렸다.

카니발 썬샤인호는 4박 5일의 제 임무를 마치고 출항지 뉴욕항으로 되돌아왔다. 바다는 여전히 고요하고 신비하다. 좋은 풍경도 사랑하는 사람들과 함께했을 때 더욱 빛을 발한다. 자연은 사람을 품고, 사람은 자연을 본받는다. 나의 아이들아, 저 바다처럼 넓고 깊게, 큰마음으로 살아가거라. 이 여름의 끝 무렵이면 나는 너희 곁을 떠나 내 고국, 나의 자리로 돌아가게 될 것이다. 내 조상들의 나라, 그곳의 문화가 내겐 더 따스하고 편안하다. 하지만, 이젠 세계가 한 가족이니 너희들은 넓은 땅에서 마음껏 너희의 기량을 펼치며 희망차게 나아가거라. 저 바다처럼….

2016년 여름, 썬샤인호의 선실 창가에서 눈 시리도록 보고, 듣던 대서양의 물소리. 이는 나의 생이 다할 때까지 내 귀에 속삭일 것이다. 피고 지고, 가고 오는 생명의 순환은 바다의 파도처럼 자연스러운 것. "지금, 사랑하는 사람과 함께한 지상의 삶이 얼마나 고맙고 황송한 것이냐."라고.

(2016)

5.

소년이 왔다

소중한 초록별

"아! 저 신비의 초록별…."

이처럼 감탄의 일성을 터뜨린 이는 아폴로 14호 탑승자인 에드가 미첼이었다. 그는 지구 밖 우주에서 자기가 살던 땅덩이를 처음으로 목격하고 그 아름다움에 경탄했다. 대번에 그는 창조의 신을 인정하게 되었다. 허공엔 무수한 별이 암흑 속에서 빛나고, 그 가운데 떠있는 지구는 무한한 우주 속 하나의 반점 정도로 보였다. 우주에서 본 지구에는 인간이 만든 건 거의 보이지 않고, 대자연인 강, 산, 숲, 사막 등만이 푸르게 보였다. 하늘 모두가 은하 같았으며, 인간은 정신적 존재로서 정신수준에서는 서로 결합되어 있다고 생각했다. 그는 종교적 신비체험을 하고 진리를 깨달으면서 환희와 행복감이 넘쳤다고 했다.

나는 늘 사람이 사는 유일한 행성, 지구에 대한 신비감과 호기심을 떨칠 수가 없었다. 이는 어렸을 적 아버지로부터 수없이 들어온 '우주'라는 단어에서 비롯된 게 아닌가 생각한다. 내가 중학교 1학년 때쯤이었을까. 여름밤, 고향집 마당엔 널따란 멍석 위에 3대나 되는 대가족이 모여 웅성댔다. 아버지는 당신의 철부지 손주들까지 옆에 불러 앉히고는 손에 축구공만한 지구본을 들고 목소리를 높이셨다. 보석을 뿌린 듯 무수한 별들이 반짝이는 하늘을 가리키며 우리가 사는 지구도 광활한 우주 속에 하나의 작은 별이라고 일러주셨다. 하지만 당시 우리들의 개념으론 교과서에서 배운 태양을 중심으로 돌고 있는 9개의 떠돌이별 중 수성, 금성 다음 세 번째로 해에서 가까운 행성이 지구라는 것. 그 정도 밖에 이해의 폭을 넓히진 못했다. 아버지의 말씀 중 지구 안의 많은 나라들은 한 가족이니 절대로 싸워선 안 된다고 하셨다. 우리는 그저 지구본을 빙빙 돌리며 세계를 어루만져 보았다.

차츰 철이 들면서 아버지의 의중을 조금은 헤아리게 되었다. 드넓은 우주, 그 안의 사람은 마음도 넓고 크게 다스려, 서로 돕고 사랑하고 이해하며 옹졸하게 살지 말라는 우애의 강조이셨음을. 아버지께서 우리를 칭찬하거나 나무랄 때 어조를 바꾸어가며 '훨씬 크거라, 커야한다'시던 말씀은 좀 더 큰 인격의 됨됨이를 이름도 아울러 이해하게 되었다.

나는 또 아버지를 그릴 때면 고향집 살구나무 위에 걸린 둥근 달도 함께 떠오른다. 휘영청 달이 밝던 밤, 친구들과 거나하게 드신 약주로 흥겨워 들어오신 아버지는 이태백이 놀던 달을 읊조리며, 한시를 청 좋게 낭송하셨다. 그토록 그리운 낭만의 달. 많은 예술가의 상상을 자극했던 신비의 달이 우주과학의 위력으로 홀딱 발가벗겨, 그 실체를 드러낸 그날을 지구인은 결코 잊을 수 없으리라.

1969년 7월 20일! 미국의 아폴로 11호 우주선의 닐 암스트롱은 온 세계인이 지켜보는 가운데 달에 첫 발걸음을 내디뎠다. 그날, 우리 가족도 전주의 단칸 셋방에서 어린 삼남매를 데리고 낡은 흑백 티브이로 그 광경을 숨죽여 지켜보았다. 역사적 거사를 행한 암스트롱은 그 후 다음 같은 말을 남겼다. '한 사람에겐 작은 한 걸음이지만 인류에겐 위대한 도약'이라고. 그랬다. 미국은 그 후로도 1975년까지 5번 더 달 착륙을 감행했다.

정작 지구 안에 살고 있는 우리는 지구를 볼 수가 없다. 그러나 지구 밖 우주에서 지구를 바라볼 수 있었던 그들은 저마다의 감격과 체험담을 남겼다. 아폴로 11호 이후 달을 밟은 우주인들은 한결같이 말하길 '달을 탐험하러 갔는데 정작 지구를 발견하게 됐다는 것이 더 인상적'이라고. 지구는 작은 반점으로 보였으며, 인류와 생명은 허약하면서도 아름답고 귀중하다는 것을 절실히 느끼게 되었다고 했다.

혹성인 지구를 객관적으로 바라볼 수 있었던 그들은 여러 신비체험을 했는데, 이 체험을 우주감각(cosmic sense)이라고 표현했다. 지상에서는 결코 체험할 수 없는 장엄한 우주의식의 각성이었다. 지구로 돌아온 이들 중엔 인생관과 우주관이 극적인 변화를 겪어, 다수가 종교인이 되거나 화가, 시인, 특히 공해와 지구 오염 반대의 환경운동가가 되었다고 한다.

우주에서 지구를 바라보고 있으면 인간들이 영토나 이념으로 피 흘려 싸우는 것이 얼마나 바보스런 짓인가 하는 생각이 들었다. 우주에선 하찮은 것은 보이지 않고 본질이 보였으며, 종족 국가를 초월한 호모 사피엔스(Homo sapience)라는 한 종으로만 보일 뿐이라고 했다. '지구가족'이란 말이다.

끝 간 데 없이 넓은 우주, 거기서 지구 외에 사람이 살고 있다는 어느 별도 아직은 찾아내지 못했다. 창조주께서 생명체에게 내린 이 소중한 축복의 땅을 사람이 해치고, 오염시키고, 파괴하고, 상하게 함은 죄 중에 큰 죄이다.

요즘 우리의 관심이 집중된 주요 뉴스는 파리기후변화협약이다. 대국이 뿜어낸 오염을 생각하면, 지구의 환경 정화에 먼저 앞장서야할 미국의 트럼프 대통령이 자국의 경제적 이익을 챙기려는 이기심으로 일방적 탈퇴를 선언한 것이다. 극지에서 빙하가 녹아 해수면 수위가 올라가는 심각한 상황도 모르는지. 대다수 미국 기업인들은 되레 트럼프에게 일제히 반발하고 나섰다. 앞서, 미국의 우주인들이 지구 보호를 무엇보다 중시했던 바와 상통하는, 양식을 가진 자의 당연한 태도다. 각 나라마다 녹색성장, 환경 정화에 리더십을 발휘해 세계인의 존경받는 지도자가 되도록 최선의 정책을 펴나가야 함이 급한 과제다.

이는 인류의 생존과 직결되는 문제이기 때문이다. 니체가 말했던가, '지구는 피부를 가지고 있으며 여러 가지 병도 가지고 있다. 그 병의 하나가 인간이다.'라고. 인간으로 인해 병들어가는 지구, 이를 구출해야할 사명이 인간에게 있다. 그 누가 자기가 살고 있는 제 집을 스스로 망가뜨리는 우를 범하겠는가.

뭇 생명과 인류의 미래를 위하여 하늘은 맑게, 땅은 향기롭게, 사람의 마음도 고요하고 화평하게 가꿔야 하리. 창조의 주인 신의 영원한 축복을 받으려면 이 신비롭고 소중한 초록별, 우리의 지구를 잘 돌보고 열심히 지켜내야만 할 것이다.

(2017)

구원(久遠)의 벗

'진실한 친구는 또 하나의 나'라고 했다. 지나온 날의 여러 인연들, 그중에서도 오랜 심우 하나를 생각한다.

2015년 봄, 친구 영이 첫 수필집을 세상에 내놓았다. 정성 기울여 가꾼 나무에서 첫 열매를 거둔 듯 뿌듯하다. 첫 장을 넘기니 '구원의 벗 貞에게'라고 쓰였다. 가슴 찡하다. 책의 글 머리에 올린 '겨자씨의 꿈을 다지며'를 그의 마음 짚어 읽은 후, 글 제목 하나하나를 살폈다. 그는 2007년의 창작수필 겨울호에 '우정 여행'으로 신인상을 받은 뒤, 등단지의 봄, 여름, 가을, 겨울호에 꾸준히 작품을 발표 해왔다. 그때마다 빠짐없이 그의 글을 읽은 내겐 거의 눈에 익은 제목들이었는데, 책 말미의 35번째 작품인 '구원의 벗에게'란 낯선 제목에 내 시선이 꽂혔다. 재빨리 그 글을 읽기 시작했다. 벗과 나의 60여 년 우정을 추억하고 아우르며 남은 생을 서로가 사랑의 열쇠 되어 힘차게 나아가자고 다짐한 편지글이었다. 왠지 따스하게 차오르는 벅찬 감회에 눈시울이 후끈했다. 마음으로 우정을 굳히고, 감히 '久遠'이라는 낱말을 뽑아 '벗' 위에 올려준 영이 새삼스레 고마웠다.

올해 초, 나의 51년 동반자를 보내는 '천국 환송 예배'의 자리에 동창들을 연락하여 맨 먼저 참석해준 영이다. 그 몇 개월 뒤, 벗의 책이 출간될 무렵엔 안타깝게도 그의 부군이 중환자실에 입원하게 되어, 경황이 없는 영을 찾아 나는 일산 병원으로 달려갔다. 차츰 회복되셔 얼마나 다행이던지.

8년 전인 2007년 4월, 우리는 오래 별러오던 북유럽 5개국 여행길에 올랐었다. 그때, 남편들은 활기찬 모습으로 인천공항까지 나와 10박 11일의 우리 여정이 즐겁고 무사하길 손 흔들며 빌어주었는데. 아이들의 입학, 결혼 등, 기쁨을 함께하던 젊은 날은 속절없이 흘러가고, 이젠 아픔의 자리에 같이하고 있다.

영과 나는 여고를 졸업한 뒤부터 전주와 서울로 줄곧 떨어져 지냈다. 우리들의 신혼시절 몇 년 동안은 전주에서 살았으나, 어린것들 돌보고 직장생활 하느라 정신없이 바쁘던 시기였다. 내가 신장결석 수술로 휴직하고 있을 때, 현직교사이던 그는 영어 과외학생들을 내게 보내주어 그들 개인지도로 공무원인 남편의 박봉에 생활비를 보탤 수 있었다. 그 무렵 남편이 서울로 발령받아 우리 가족이 상경하면서 우린 다시 이별해야 했다. 하지만 편지로, 전화로, 마음만은 항시 서로의 곁에 있었다.

영이 중학교 교장 직을 끝으로 정년퇴임하고, 일산 신도시로 이사했을 때의 우리들 만남은 인생 후막의 계획으로 설렜다. 그는 심리치료사로 봉사하려는 마음을 굳히고 있었다. 퇴임 전부터 서울까지 올라와 심리치료 강의를 받아 AAPC(미국 영성 심리치료학회) 자격증까지 획득했으니. 그러한 영에게 내가 굳이 글쓰기를 강요한건 그의 삶과 다양한 이력이 그냥 묻히기엔 퍽 아쉬웠다. 그 모든 걸 소재로 녹여 글을 써서 한 권의 책이라도 남기라고 권했다. 처음엔 글재주가 없다는 둥, 이런저런 이유로 망설이고 주저하는 그에게 한 기회가 주어졌다. 2004년 봄, 영은 나의 첫 수필집 발간을 축하해주려고 일산의 한 음식점으로 나를 불러냈다. 그 자리에 오창익 교수님 내외분을 모셨다. 친구 영과 수필 스승님의 첫 만남이었다. 나는 믿었다. 글재주보다 귀한 벗의 성실성과 끈기를. 그 11년 후, 드디어 그는 첫 수필집 『내 마음의 쿠션』을 상재하기에 이른다.

우리 둘은 강산이 여섯 번 바뀌고도 넘은 세월을 같이해왔다. 지난 기억 속 군데군데의 추억은 아직도 곱고, 미소를 짓게 한다. 중학교에 갓 입학한 애송이들이 무엇이 통해서 눈이 맞았을까. 운동장 가의 키 큰 플라타너스 밑 파란 클로버 잔디에서 행운의 네 잎 클로버를 찾아 서로에게 건네며 깔깔댔다. 친구는 5일장이 서는 황등에서 기차 통학을 했고, 나는 8㎞의 들길을 걸어서 학교에 다녔다. 어느 날, 영이 내 가방 속에 몰래 넣어준 마른 오징어, 그 짭짤한 걸 씹으며 걷던 석양 길은 어찌 그리도 맛이 있던지.

어느 겨울방학, 눈 쌓인 시골길 물어서 우리 집에 찾아온 영은 하얀 카드를 내 손에 쥐어 주었다. 빨간 포인세티아와 촛불 두 자루가 그려진 크리스마스카드는 내가 받아본 첫 번째의 것으로, 오랫동안 간직했었다. 독실한 기독교 가정에서 자라난 친구, 나도 기독교인이 되었다.

동족의 비참한 전쟁 중에 사춘기를 보낸 우리에겐 서울 소년의 추억도 끼어있다. 오빠의 대학교 은사님은 사변 중 아내를 잃고, 아들 하나 데리고 우리 집으로 피난을 와 있었다. 키가 훌쩍 크고 얼굴이 하얀 소년은 우리보다 한 학년 위였는데, 시골뜨기 순박한 우리를 어린 동생처럼 귀여워했다. 그는 영어도 잘하고, 『사랑의 학교』 『좁은 문』 따위의 명작 이야기도 잘 해주었다. 때론 영어 편지도 써주고, 시도 지어 읊었다. 훗날, 우리 둘 다 영문학을 전공하고, 문학에 관심이 많았던 건 아마 그 소년의 영향도 있었을 것이다.

같은 교정에서 고등학교에 오른 우리에겐 정이 든 학우가 많아졌다. 그중 시적 감성이 풍부한 벗 열자와 셋이서 마음이 통해, 자취를 한 적이 있었다. 큰 비밀이나 폭로하듯 서로의 일기를 읽어주며 우린 더욱 가까워졌다. 이름에 멋을 부려 나는 송향(松香), 영은 죽향(竹香), 시를 쓰는 친구 열자는 단향(丹香)이라고 부르며 꿈과 야망을 불태웠다. 결혼 후 몸이 약했던 단향이 그의 시적 재능을 펼치지 못한 게 못내 아쉽다. 지금은 우리의 글을 열심히 읽어주는 잊지 못할 벗이다.

친구라고 어찌 좋은 점만 보이던가. 서로의 결점까지를 품고 사랑하는 게 진정한 벗이라 여긴다. 휴대전화가 없던 시절, 더러는 약속 시간과 장소를 깜박하거나 잘못 알고 몇 시간씩 기다린 적이 있어도, 얼굴 붉혀 싸워본 기억은 없으니 서로가 많이 이해하고 배려했던 것 같다. 항상 베풀고 남 칭찬해주길 좋아하는 영. 하지만 좀 헐렁한 구석이 있어, 그토록 꼼꼼하고 빈틈없는 낭군을 하늘이 점지하셨을까. 요즘, 그는 항상 메모장을 지니고 다니며 착실하게 건망증을 다스린다.

우리는 세상에 태어나면서 가족의 혈연 외에도 많은 이웃과 인연을 맺게 된다. 유년의 소꿉동무를 비롯하여 여러 학우들, 같은 신앙을 가진 교우들, 직장 동료, 취미와 소질을 같이 하는 친구들, 그들이 있었기에 삭막한 세상이 오아시스처럼 촉촉하고 아늑했을 것이다. 그러나 가장 힘들고 외로울 때, 벅차게 기쁠 때, 오래도록 변함없이 내 곁에서 함께할 수 있는 지기지우(知己之友)는 몇이나 되던가.

지금, 영과 나는 생의 깊어가는 가을 길목에서도 함께 있다. 글벗이 되어 일주일에 한 번씩 만나, 중학생 때처럼 새파란 마음으로, 수필을, 인생을 더 배우고 논하는 자리에 나란히 앉아 있다. 하늘이 맺어준 인연일까.

그가 구원의 벗이라 불러주니, 나는 그의 구원의 벗이 되었고, 나 또한 마음 깊숙이 그렇게 시인하니, 그는 나의 구원의 벗이 되었다. 이 시간이 가고, 저 시간이 흘러도 우리는 그렇게 손 꼭 잡고 갈 것이다. (2015)

『빈 벽』을 남기고

- 故 이일헌 선생을 그리며

이일헌 선생이 우리 곁을 떠났다. 다시 만날 수 없는 먼 길로….

금년 초, 부산의 김순자 선생이 떨리는 음성으로 전화를 걸어왔다. "아니, 일헌 선생이 떠났다는 구료. 늙은이 앞에 먼저 가다니, 이게 말이나 되는 소리유." 거짓말 같은 소식에 놀라 몇 마디를 더 주고받다가 허허롭게 수화기를 놓았다. 그렇잖아도 연말을 침묵으로 넘긴 적 없던 일헌 선생의 소식이 감감하여 여러 번 그의 전화번호를 눌렀지만, 빈 신호음만 무심했다. 여행이라도 떠난 걸까 궁금해 하던 중, 세상을 떠났다니…….
어렵게 그의 부군과 전화 연결이 되어 큰며느님과 통화할 수 있었다. 2013년 봄부터 가끔 병원을 드나들다가 급성 폐렴으로 지난 12월 7일에 돌아가셨다고 한다.

지난해 초가을, 내가 창작수필 세미나에 함께 가잤더니, 여느 때와 다름없는 목소리로 잘 다녀와 소식이나 달라지지 않았던가. 그게 일헌 선생과의 마지막 통화일 줄이야. 항시 흩어짐 없고, 폐 끼치길 싫어하던 성미대로 그는 아픔을 전혀 내색하지 않고, 우리 모르게 황망히 떠났다. 새 봄이 오면 기차타고 김 선생 만나러 가자고 먼저 약속해 놓고서.

내가 이일헌 선생을 처음 만난 것은 1992년 봄, 여의도 동아문화센터 오창익 교수님의 토요 수필문학 강의실에서다. 그즈음, KBS 라디오 '시와 수필과 음악과'란 저녁 프로엔 입선된 작품을 아나운서가 낭독해주는 시간이 있었다. 나의 글 「언제 또 올래」가 서정범, 오창익 두 분 심사위원님께 뽑혀, 그 인연으로 오 교수님의 수필반을 찾게 되었다. 창작수필 강좌의 원조격인 초기의 그 반엔 많은 남녀 수강생들이 글쓰기의 열망을 불태웠다. 그때 이일헌 선생은 이미 창작수필 제2권인 1991년 겨울호로 윤명숙과 함께 제1회 신인상을 받은 뒤였다. 곱상하고 단정하며 조금 차 보이는 그에게 왈칵 말붙이기가 쉽지 않았다. 길가의 풀꽃처럼 수더분한 사람이 나는 편한데, 고결한 백합의 인상이랄까, 그는 좀 그랬다.

1995년 창작수필문인회(장돈식 초대회장)가 정식 발족되기 전, '창수문우회'란 명칭의 가족적인 모임이 있었다. 이일헌 선생은 제1대 회장을 맡아 깔끔한 성품대로 성심껏 소임을 다했다. 리더십도 있고 옳다 싶으면 밀어붙이는 고집도 있었다. 하지만 창수 모임에서 그는 언제나 환대를 받았다.

90년대 초 문우회 송년의 밤, 이일헌 회장은 무명베 한복을 입고 나왔다. 회원들의 시선을 끌기에 충분히 고운 매무새였다. 은행색 저고리에 검자주 긴 고름이 흘러내린 짙은 쑥색 여덟 폭 치마는 예스런 멋을 풍겼다. 고고한 마님 같았다. 그는 수필을 쓰기 전, 10여 년간 전통 차에 몰두했다. 다도에 대한 강의도 하고, 한국 차문화협회 이사를 7년 동안이나 역임했다. 어느 날, 차 동인이 입은 무명 한복에 반하여 시댁에서 얻어온 무명베를 손수 염색하고 마름질해 지었다는 그 한복에 무척 애착을 가졌었다. 수수하고 넉넉하면서도 새로운 맛이 난다던 그 무명베 한복, 저 나라에도 그 옷을 입고 갔을까….

1994년 8월의 햇볕 쨍한 날이었다. 수필반에서의 만남이 지속되던 어느 토요일, 문화센터 화단의 주황색 원추리 곁에 서 있던 나를 일헌 선생이 손짓하며 '언제 또 올래 씨'라고 짓궂게 불렀다. 의외였다. 그는 내 곁으로 다가와, 미리 생각해 둔 듯 조리 있게 계획을 말했다. 자기 의중에 있는 대여섯 명을 밝히며, 각자의 작품을 가지고 매월 한 번씩 그의 다실에 모여 품평회를 갖자는 제의였다. 좋은 글쓰기에 목말라 하던 때라서 그의 뜻에 마다할 이유가 없었다. 그 8월의 마지막 월요일, 여문우 넷과 남우 한 명이 여의도 한신 아파트 201호, 다향 그윽한 그의 다실로 들어섰다. 모든 것이 이채로웠다. 방 입구엔 '半香之室'이란 현판이 걸려있고, 닥종이로 도배한 허연 벽은 공백의 상태였다. 1년쯤 뒤, 다실 명을 '一軒詩居'로 바꾼 건, 中天 김충렬 선생의 중용, 주역, 노장철학 강의를 4년 동안이나 들었던 친분으로, 중천 선생이 손수 써 보낸 그 휘호를 받고서다. 그걸 편액으로 만들어 걸어 놓고 만족해하던 모습이 눈에 선연하다.

그의 수필집『빈 벽』안의 여러 제목과 주제는 거반 '일헌시거'에서 비롯되었다. 책 속의 작품 따라 삽입된 사진들은 그가 소장하고 있는 '다기 가족들' 중의 일부이다. 모두가 고풍스럽고, 신비롭고, 귀해 보이는 것들이다. 일헌 선생은 차를 열애하던 20여 년 동안에 걸쳐 그들 한 점 한 점을 심미안으로 구입하고, 더러는 기증받고, 얻어오기도 했으며, 흑유 차 통 덮개는 자색 비단을 끊어다 며칠 동안 바느질 하여 만들었다고 자랑했다. 이 모두를 사진첩으로 만들어 보여주며, 자기가 떠난 후에도 '다기 가족'들이 제자리 찾아 한 가족으로 지냈으면 좋겠다는 바람과 그들의 보낼 곳을 고민한 적이 있었다. 지금, 주인 잃은 '다기 가족'들은 어데 모여서 옛이야기 나누는지.

한 시절 '갈매'라는 글 모임으로 일헌 선생이 타주는 각종 차를 마시며 정신적 호사를 누렸던, 그 다실 이야길 조금 더 하고 싶다. 벽면이 닥나무 한지로 된 방에 햇살이 한낮을 비켜갈 즈음이면 하얀 창호지에 한 폭의 수묵화가 그려진다. 베란다에 놓인 관음죽의 그림자다. 이 멋진 묵화의 유희를 홀로 감상하기 아깝다며 우리를 불러들이곤 했다. 방 한 귀퉁이의 잘 생긴

문갑 위엔 동양란이 놓이고, 화로엔 그날의 마음 따라 놋 주전자, 철 주전자, 파이렉스 주전자에서 찻물 끓는 소리가 솔바람 소리도 되고, 빗소리, 바람소리도 되었다. 고풍스런 찻잔에 계절 따라 띄운 마른 매화꽃, 국화꽃은 찻물을 머금으면 생화처럼 피어났다. 노란 송홧가루, 흑임자 가루, 갈색의 오곡 가루 등을 꿀에 반죽하여 각양 문양의 다식판에 찍어낸 유밀과는 입에 넣기 아까운 예술품이었다. 차를 음미하면서 삶에 대해 깊이 생각하게 되었다는 일헌 선생. 자기 삶으로 채우고자 고집스레 빈 벽으로 남긴 다실, '일헌시거'에서 차 유희를 즐기는 동안 그는 무척 행복했을 게다.

이일헌 선생은 다재다능했다. 장소와 기분에 따라 와인을 마시며 흥취를 돋우기도 하고, 신들린 듯 소동파의 적벽부를 외워 읊을 땐 몰아의 경지에 들었다. 전공한 음악은 물론이요, 바느질, 그림, 요리에도 취미가 있었다. 외모와 달리 소탈하고 소박한 구석이 있어 시골아줌마의 쑥 개떡을 즐겨 샀다. 치악산 세미나 때 스스럼없이 지도교수의 손을 잡고 빙그르르 돌던 그의 춤사위는 곱고도 자연스러웠다. 한 가지 일에 몰두하면 완벽을 고집하는 성미였다. 혼신을 다한 그의 수필집 「빈 벽」 출간 후, 더는 글쓰기의 강박에서 자유롭고자 했던 것도 그의 완벽성 때문이었을까.

이일헌 선생의 다실에서 시작된 6인의 만남은 10여 년을 지속하는 동안, 장소도 몇 차례 옮겼다. 첫 6인 수필집 『꿈꾸는 역마

살』 출간 때 교정지를 들고 출판사 '삶과 꿈'을 수차례 오가야 했던 엄 선생. '로뎀나무 아래'라 명했던 민혜 선생의 흙 마당 집, 비올 땐 지렁이 꿈틀대고, 시골 언덕 같던 잡풀과 나무가 푸근하던 그곳에선 갈매 제2집 『내가 지나가는 소리』를 냈다. 첫 멤버였던 박 선생의 유고를 넣고, 청일점으로 서 선생이 함께한 7인 수필집이다. 그 책을 들고 먼저 오창익 교수님께 선보였을 때, 제자들의 어설픈 열매에 미소로 답해 주셨다.

언젠가는 반포의 피천득 선생님을 찾아 큰절 올린 후, 선생님 외손자의 바이올린 연주를 1시간가량이나 영상으로 감상했던 일, 치악산 방그러니 계곡 장돈식 선생의 백운산방을 찾아 푸짐하게 쪄낸 감자와 강냉이 껍질 벗기며 호호거리고, 가을엔 앞산 복자개 나무의 불타는 단풍에 감탄하며 노송 '운이'와 동물 가족 산토끼, 다람쥐, 산까치 이야기에 귀를 기울였다. 갈매 동인 네 명이 각자의 수필집을 출간할 무렵, 우리의 만남도 고별의 때를 맞았다. 10여 년 동안의 '갈매' 만남의 중심엔 이일헌 선생이 있었다.

이일헌 선생의 첫 수필집이자 마지막이 된 『빈 벽』은 차가 있는 에세이다. 본명이 이순애인 그는 자기의 갑년인 2002년에 '범우사'에서 『빈 벽』을 냈다. 차로부터 움터 나온 그의 수필 『빈 벽』에서 "온갖 유형무형의 치레들이 갑갑하고 무겁게 느껴져, 그 방이라도 빈 벽으로 남겼다."고 말했다. 출간 후 한동안 교보문고 수필 베스트 10위 권 내에 있었던 『빈 벽』. 그

한 권의 책을 남기고 그는 떠났다.

그의 장편 수필 「내가 연주하는 유리알 유희」에서 그가 꿈꾸던 세계는 헤르만 헤세의 소설 「유리알 유희」의 정신적 나라, 카스탈리엔이다. 그는 지금쯤 그 이상향, 카스탈리엔에서 차 유희를 즐기며 흥겨워하고 있을 게다.

李一軒 선생님, 그 좋은 나라에서 영원한 안식 누리소서.

(2014)

『창작수필』 100호를 맞이하며

2016년 '여름호'로 계간 수필전문지 『창작수필』은 '100호'가 세상에 나왔다.

"어렵고 힘든 길 예까지 오시느라 수고 많으셨습니다. 창작수필님!" 진심어린 눈길로 나의 서가에 가지런히 꽂힌 99권의 책들을 쭉 살펴본다. 25년 전, 초창기부터 창수(약자 표기) 가족으로 걸어온 자취다.

1991년 가을, 『창작수필』 '창간호'가 세상에 나왔다. 아쉽게도 나는 그 첫 권을 보지 못해 궁금하던 중, 올봄 신촌의 선생님 오피스텔에서 그 창간호를 만났다. 누렇게 빛바랜 표지, 거기엔 끼룩끼룩 구슬픈 울음이 들리는 듯한 달밤에 북으로 날아가는 기러기 떼 그림이 있었다. 그걸 보면서 나는 한 소년을 생각했다. 1950년의 매서운 겨울, 동족끼리 총부리를 겨누는 비극의 강토에서 17세의 소년은 혈혈단신 남쪽으로 내려가 부산의 피난지에서 고학으로 학업을 시작한다. 그렇게 서라벌 예술대학 문예창작과를 졸업한 후, 기자와 교사생활을 거치고 교수로 재직할 당시 '1920년대 한국 수필문학 연구'로 문학박사 학위를 취득한다. 이 입지적인 어르신, 바로 창작수필 창시자요 우리의 스승이신 오창익 박사님 얘기다.

메마른 땅을 가꾸고 손수 밑거름 되시어, 창작수필의 씨를 심고 참된 수필나무로 기르고자 피땀 흘리신 당신. 봄, 여름, 가을, 겨울 한회도 빠짐없이 사반세기를 유유히 이어왔다는 것, 결코 쉬운 일은 아니다. 또한 저마다의 빛과 향기로 대가 없이 묵묵히 글을 써온 창수가족들의 열정, 역대 회장단의 노고가 함께했기에 맺은 열매라 여긴다. 각종 문학 전문지가 여러 요인으로 안타깝게 폐간되기도 하는 토양에서 청년기를 맞은 창수의 나무만은 더 힘차게 자라도록 함께 노력하고 기도해야 할 터이다.

1992년 봄, 나는 여의도 동아문화센터의 토요 수필문학 강좌에서 선생님을 처음 뵙기 15년 전, 선생님의 수필 '해바라기'를 먼저 만났다. 70년대 초 우리 가족은 전주에서 상경해, 어설픈 서울살이 속에서도 나의 문학열망은 식지 않았다. 매년 새해가 되면 각종 신문의 신춘문예 당선작을 두루 구해 읽곤 했다. 시, 소설, 평론, 희곡분야 외에 수필을 공모하는 신문은 극히 드물던 때다. 그런데 77년 한국일보 신춘문예에서 오창익 명의 수필 당선작 「해바라기」를 만났다. 그때 처음 선생님의 성함을 접하게 된 것이다.

그리고 10여 년의 세월이 또 훌쩍 흘렀다. 90년대 초, 우리 아이들은 어미의 속마음을 엿보았던지 임선희 선생의 강좌 '수필의 세계' 수강증을 내밀었다. 그즈음, KBS라디오엔 '시와 수필과 음악과'란 저녁 프로가 있었다. 거기에 제출한 나의 글 「언제 또 올래」가 그해 말 최우수작으로 뽑혔다. 심사위원은 오창익, 서정범 교수님이셨다. 두고 온 고향, 헤어진 혈육의 아픔을 지닌 오 교수님은 모정을 담은 나의 글, 특히 그 제목에 끌렸던 것 같다. 방송으로 심사 소감을 말씀하시는 선생님의 목소리와 연줄이 닿아, 나는 그렇게 선생님의 강의실을 찾았다.

초창기 남녀 수강생들의 의욕은 대단했다. 선생님의 강의도 열정이 넘쳤다. 특히 자아를 온전히 드러내는 수필은 자기 수양과 성숙한 사람됨이 필수라고 강조하셨다. 여러 가르침 중에서도 내 뇌리에 짙게 각인된 "수필은 단 한 마디의 문학이다. 길든 짧든 그 한마디로 독자 마음에 파문(감동)을 일으켜야 한다."시며 계란의 노른자를 글의 핵으로 예시하셨다.

창작수필 2호인 91년 '겨울호'에 제1회로 이일헌, 윤명숙이 등단했고, 나는 92년 '겨울호'로 박홍기, 신혜숙과 5회 신인상을 받았다. 이번은 창수 100호로 99회 등단자가 나왔다. 선생님을 통해서 300여 명의 수필가가 배출됐지만, 애석하게도 세상을 뜨신 분, 소식 모르는 회원도 다수여서 절반가량만 활동하고 있음이 아쉽다. 90년대 중반 선생님 댁이 일산 신도시로 이사하기 전, 우리는 은평구 신사동 편집실로 원고를 우송했다. 당시엔 이메일 송고도 드물어, 창작수필의 제작과 총판을 대행한 도서출판 '나라'의 나병주 사장님 수고가 컸을 게다. 2011년 봄에 나사장이 돌아가신 뒤, 그해 여름의 80호부터는 도서출판 '소소리'에서 발간되고 있다.

초창기 창수 가족의 우애는 끈끈했다. 95년 '창작수필 문인회'가 정식 발족되어 장돈식 회장이 역임하기 전, '문우회'라는 명칭으로 이일헌, 김순자 회원이 1대 2대 회장을 맡았다. 얼마 안 되는 회원 모두가 한자리에 모여 상의도 하고 친목도 나누었다. 장 회장 때부터 매년 세미나도 가게 되고, 동인지도 발간되었다. 처음 몇 번의 세미나는 장돈식 선생 내외분이 마련한 치악산 자락의 방그러니 계곡 '백운 산방'에서 1박 2일의 일정으로 진행되었다. 회원들이 손수 장만한 음식을 나누고, 해돋이엔 산정에 올라 체조도 하고, 별 밤엔 야외에서 노래 부르고 춤도 추었다. 저마다의 끼를 발하던 그때의 문우들 모습이 지금도 눈에 선연하다.

'96년 가을, 첫 동인지 『조용한 변신』이 발간되었다. 수상작은 회원들의 투표로 선정 되었는데, 첫 회에 장돈식, 이일헌, 정영숙이 수상했다. 4회부터는 회장단이 위촉한 수필계의 명사님이 심사하여 2명 이내로 선정했다. 이미 수상한 자와 출간 당시의 임원진은 수상 대상에서 제외한다는 규칙을 두었다. 시상식은 세미나 때 하다가 정기총회 때로 바뀌었다. 매년 한 권씩 나오던 동인지가 2013년부터는 2년에 한 번 발간된다. 2015년 1월의 정기총회에서 나는 뜻하지 않게 제18회 '창수동인 문학상' 수상자로 이진표 회원과 함께 금메달을 받았다. 남편이 하늘나라로 떠난 6일 후였으니 슬픔으로 아무 경황없던 중, 꼭 참석해 달라는 이명지 회장의 전화를 받았다. 제 아버지의 마지막을 보려고 미국에서 귀국한 아들과 여기 막내딸이 나를 부축하고 남산 '문학의 집'으로 동행했다. 나는 생각했다. 세월의 무게에 눌려 아내의 글쓰기가 중단될까 염려한 남편의 영혼이 심사원과 합세한 채찍이라고. 그랬다. 2004년 첫 수필집을 낸 후, 미국, 캐나다의 아들 딸 집에 다니며 글쓰기에 태만해져, 겨우 원고청탁 받으면 1년에 한두 편 쓸 정도였다. 이는 지도교수님에 대한 무례요, 나 자신에겐 약속위반이었다.

스승님께서는 여전히 맑고 정정하신 모습으로 요일 따라 수필을 지도하고 계시니 우리의 복이다. 창작수필 25년의 세월이 흐르는 동안 선생님과 문우들 모두에게도 많은 변화가 있었다. 창작수필이 창간된 지 10년째인 2001년 봄, 『해바라기꽃 피는 마을』이란 제목의 '오창익 교수 정년기념문집'이 도서출판 '나라'에서 출간되었다. 그 첫 장을 넘기면 정장 차림의 환하게 웃고 계신 선생님의 젊은 모습을 볼 수가 있다. 거기엔 「북창」 「걸객」 「해바라기」 등 선생님의 대표작 8편과 전반기 문우들 109명의 글도 올라있다. 정다운 이름 살펴보노라니, 세상 떠난 이도 여럿이고 소식 모르는 사람도 많다. 글 혼으로 인연한 창수

가족들이었는데….

또 한 권의 책은 2014년 봄, 선생님의 팔순을 맞아 『내 잔이 넘치나이다』의 '오창익 박사 여든 살 기림문집'이다. 표지를 열면 출가한 4녀 1남의 화목한 가족사진을 볼 수가 있다. 직계 23명의 해주 오씨 일가를 이룬 다복한 화원이다. 그날, 그 자리에 참석한 이들은 11명 손주들의 깜직한 오케스트라에 매료되어 그냥 흐뭇했다. 문집 속엔 선생님의 대표작 10편과 제자들 111명의 글, 문학계 여러분의 축사가 담겨있다. 이 잔치를 주관한 오경자 간행위원장을 비롯해 마음 합친 창수가족 모두의 수고가 있었기에 경사는 더욱 빛을 발했다. 창수가족의 내일도 그렇게 화목하고 화사하리라.

'그대는 왜 수필을 쓰는가. 써야만 하는가.' 스스로에게 자문해 본다. '늘 허전하고 부족하니까. 내 안을 들여다보고 진정한 나를 만나고 싶어서. 무심히 스쳐온 것들, 가던 길 잠시 멈추어 서서, 빛과 바람의 냄새도 맡아보고 꽃과 돌의 소리도 들어보고, 무엇보다 사람과 가까워져 나도 참 사람으로 살고 싶어서….' 그리 생각해본다. 글은 감동으로 읽어주는 사람이 있을 때 빛을 발하는 법. 다양한 독자의 요구에 눈물도 나게 하고, 웃음도 주고, 좌절에서 일어서게도 하고, 아픔도 위로하고, 무한한 상상과 깊은 사색도 일깨우는 그러한 글을 쓸 수 있다면 얼마나 좋을까. 쓰고 또 써야 하리라. 예까지 유유히 흘러온 『創作隨筆』은 멈추지 않을 것이다. 무슨 일을 계속한다는 것은 능력이요 신뢰니까.

해를 거듭 할수록 좋은 글로 익어서 저마다의 빛과 향기로 삭막한 세상을 적시자고 함께 다짐하며, 창작수필 '200호'를 맞을 때도 스승님께서 건재하시길 우리 모두는 손 모아 기원한다.

(2016)

다윗의 물맷돌

쌀쌀한 꽃샘추위에도 작디작은 풀꽃 한 무리가 고향의 남새밭 모퉁이에서 도란도란 봄볕을 즐기고 있다. 심술궂은 바람결 의연하게 이겨내는 그 당당함이 어여쁘다. 나는 삶의 곳곳에서 이 작고 미미한 것들의 힘에 감탄할 때가 많다.

어릴 적에 들은 구약성서 속 '다윗과 골리앗'의 이야기는 얼마나 우리를 통쾌하게 했던가. 이스라엘 들판에서 양을 치던 무명의 더벅머리 소년 다윗. 하루는 그가 아버지의 심부름으로 전장의 형들에게 떡과 치즈 등 간식거리를 전해주려고 가다가 엘라 골짜기에서 이스라엘군을 조롱하며 사자처럼 으르렁거리는 블레셋 장수 골리앗을 목격하게 된다. 기골이 장대한 적장 골리앗은 놋 투구와 비늘 갑옷으로 무장하고 큰 창을 들고, 방패 든 병사들을 앞세워 진격하며 거만하게 이스라엘을 모욕하고 있었다. 울분이 복받친 소년 다윗은 사울 왕에게 나아가 자기가 골리앗을 치겠노라고 간청한다. 마지못해 허락한 왕은 그에게 갑옷을 입히고 투구를 씌우고 칼을 채워 보냈으나, 몇 걸음 못가서 소년은 무겁고 불편한 그것들을 벗어던지고, 양 무리를 돌보던 모습 그대로 막대기를 들고, 시냇가에서 매끄러운 돌 다섯을 골라 주머니에 넣고, 손에 물매를 가지고 적진을 향하여 용감하게 나아간다. 다윗이 물매로 쏜 돌이 골리앗의 이마에 박혀 쓰러지자 재빨리 상대의 칼을 빼어 처단하고 동족에게 승리를 안긴다는 이야기다.(삼상 17장)

거대한 블레셋 장수 골리앗이 이스라엘 양치기 소년의 물맷돌에 맞아 죽으리라고 누가 상상이나 했겠는가. 우리는 인류사의 갈피갈피에서 작고 가진 것 없고 미미한 자들이 이뤄내는 놀라운 성과에 마음 깊은 감동을 받는다. 이천년 넘는 세월 동안, 우리 영혼 떨리도록 감동의 삶을 보여준 나사렛 작은 마을의 목수, 33세의 청년 예수가 남긴 자취는 신의 경지이니, 더 말해 무엇 하랴.

2002년 한일 월드컵 개막전에서 아프리카의 작은 나라 세네갈이 직전 우승팀인 프랑스를 1:0으로 물리치는 파란을 일으키자, 다윗과 골리앗의 싸움 격이라고 말들을 했다. 그 승리가 우연이었겠는가. 아마도 세네갈 감독 브리노 메추는 힘겨운 프랑스를 맞아, 단단히 정신무장을 하고 물셀 틈 없는 단합으로 혼신의 힘을 쏟았으리라. 작고 약한 자를 깔보는 교만이 스스로의 함정이 되어 많은 골리앗들이 넘어지곤 한다.

작다고 얕볼 건 세상에 하나도 없을 것 같다. '세상 이치가 힘으로만 되지 않는 것이 많아 항우장사가 내려치는 바윗돌에도 개미는 끄떡없이 살아남기도 한다.'라고 쓰인 글을 읽은 적이 있다. 그렇다. 연약한 풀포기가 아스팔트 틈새를 가르고 불끈 치솟아 꽃을 피우기도 하고, 큰 방죽이 개미구멍으로 무너지며, 낙락장송도 작은 씨앗에서 싹이 터 거목으로 성장한다.

세계의 괄목할 만한 외교사도 정부가 나서기 전 민간인을 통한 물 밑 접촉으로 성사되는 일이 허다하다. 꽉 막혔던 미국과 중국의 국교를 튼 일등 공신이 양국 민간의 핑퐁외교였다고 하지 않던가. 1991년 소련은 고르바초프의 사상이 다윗의 물맷돌 되어, 거대한 공산주의 제국의 해체를 가져왔다. 우리의 통일은 어느 비장의 무기가 다윗의 물맷돌 되어 그 질긴 휴전선을 걷어내고 동족의 마음을 하나로 묶을는지.

나는 고향 가는 길에 백제의 옛터 금마를 지날 때면 질편한 논 가운데 있는 조그만 연못을 보려고 창밖으로 시선을 집중한다. 백제의 30대 무왕이 된 서동, 그가 보잘것없는 시골의 떠꺼머리총각 시절에 그곳에서 마를 캐어 연명했다는 장소다. 유적지임을 알리는 조그만 팻말을 보면서 많은 상상의 나래를 펼친다. 신라 진평왕의 어여쁜 셋째 딸 선화공주를 연모한 서동은 제 신분으로선 도저히 닿을 길 없는 공주의 마음을 얻어내고자 얼마큼의 지혜를 짜내고, 또 온 정성을 거기에 쏟았겠는가. 서동은 간절한 바람으로 서동요를 지어, 그걸 물맷돌삼아

선화공주의 마음을 얻고자 신라 수도 경주로 달려간다. 골목골목 찾아 아이들에게 마를 나눠주며 '선화공주님은 남몰래 시집가서 밤이면 서동이를 안고 간다네'라는 동요를 퍼뜨려 끝내 공주의 마음을 빼앗고, 왕좌도 차지하게 된다. 작고 이름 없는 자가 이뤄낸 꿈같은 이야기다.

내가 자랄 때 아버지는 우리 육남매에게 '精神一到, 何事不成'이라는 문구를 붓글씨로 써주시며, 정신만 집중하면 못 이룰 것이 없노라고 자주 일깨워 주셨다. 가진 것 없는 부모 원망 말고 스스로 자기 삶을 이뤄 나가라는 경고였을까. 훗날, 엄마가 된 나도 우리 아이들에게 다윗의 손에 들린 물맷돌처럼 반질반질 하도록 그 말을 되풀이하곤 했다. 꿈이 있고, 이루고자 하는 열정만 식지 않는다면 태산을 움직이는 에너지도 나올 수 있다는 그 정신의 효력이었을까.

1996년 초여름, 아들은 꿈과 열정 그리고 신념만을 간직하고 거의 빈손이다시피 미국으로 건너갔다. 당시 사회 여건은 돈과 배경 없이 꿈을 펼치기엔 힘들었다. 아들은 인턴 마치고 군의관 근무 시 국제의사고시에 합격하여 제대 후 훌쩍 부모 곁을 떠났다. 그리고 4년 후, 거기서 신경정신과 전문닥터가 되고, 이젠 교수로 뜻을 펴며 연구에 몰두하고 있다. 온갖 어려움 이겨내며 불평 없이 일어섰기에 그가 고맙고 대견하다.

빛이 한 곳에 모인 초점은 열을 발산하여 물체를 태운다. 장애를 딛고 인간 승리를 이뤄낸 분들, 무서운 병마를 극복하고 건강을 회복한 사람들, 많은 실패의 아픔이 밑거름되어 실한 삶의 열매를 거둔 이들. 우리 주변에서 감동으로 만나게 되는 이 갸륵한 분들, 그들은 없는 것이 많아서 더욱 작아지고 겸손해져, 흐트러짐 없는 정신무장으로 자아를 찾아 세운 것이다.

동방의 자그만 나라 나의 조국 코리아여. 남과 북, 서로가 할퀸 상처 연민으로 어루만지며 '동족애'라는 뜨거운 물맷돌을 함께 갈고 닦아, 수치스런 분단의 장벽을 깨부수자. 지혜로운 민족의 잠재력을 분출할 때가 지금 아닌가.

(2012)

노란 리본

2014년, 대한민국의 사월은 슬프고 잔인했다. 오죽하면 '숨쉬기도 미안한 사월'이라고 함민복 시인이 토로했을까.

여느 봄과 달리 개나리, 진달래, 벚꽃, 목련이 시차도 없이 한꺼번에 피어나던 그 봄, 나는 매주 월요일마다 팔십 노구의 작은언니와 함께 안산에 위치한 반월의 요양원을 찾아야 했다. 연초부터 시름시름 앓기 시작하시던 큰언니가 거동이 어렵게 되자, 행여 가족들의 짐이 될세라 지인이 소개한 요양원으로 선뜻 마음을 정하신 것이다.

큰언니를 모시고 반월로 가던 날, 차창 밖 가로수 벚꽃은 분홍빛 함성을 질러대고 있었다. 큰언니의 금쪽같은 아들, 운전하는 조카의 머리 희끗한 모습이 퍽 쓸쓸해 보인다. 요양원이 가까워지자 큰언니는 유달리 밝은 음성으로 "야, 이곳 참 경치 좋다."시며 작은언니와 나의 기분을 돋운다. 자연을, 특히 꽃을 무척이나 사랑하는 언니. 다행히도 요양원의 큰언니 방 창밖으로는 산도 보이고 꽃도 있었다. 이 땅에서 언니의 종착지가 될 듯싶은 이곳에서, 아무런 부담 없이 언니의 여생이 평안하시길 빌며, 서울로 돌아오는 발걸음은 무겁고 쓸쓸했다.

큰언니의 요양원 생활이 닷새째로 접어들던 4월 16일, 어처구니없는 뉴스 속보에 온 나라가 들끓었다. 매스컴마다 정규프로를 제치고 비보 전하기에 바쁘다. 인천에서 제주도로 항해 중이던 대형 여객선 세월호가 진도 앞바다에서 침몰했다는 특보. 탑승자 476명 중엔 수학여행길에 오른 안산의 단원고등학교 2학년생 325명과 교사 14명이 포함되어 있었다. 전체 승객 중 구조된 자는 겨우 172명뿐이라니, 캄캄한 바다 속 배 안에 갇힌 3백여 명의 생명은 어쩌란 말인가. 온 국민이 가라앉는 배를 바라보고만 있었다. 기막힌 사건이다.

사월의 마지막 월요일 정오, 그날도 분당의 작은언니는 무거운 간식 보따리를 들고 지하철을 두 번이나 바꿔 탔지만, 피곤한 내색을 안 하신다. 단원고등학교가 위치한 비탄의 도시 안산, 그 주변도 먹구름에 쌓인 듯 우울해 보이는데, 분홍에서 연초록으로 갈아입은 역 앞의 벚나무에 누군가가 매단 노란 리본 몇 개가 나의 시선을 끌었다. 실종자들이 살아서 빨리 돌아오길 빌며, 그들 가족의 애끓는 심정으로 매달았으리라.

애초, 전쟁터에 나간 사랑하는 사람의 무사귀환을 염원하며 나무에 매단 것에서 유래되었다는 노란 리본! 요양원의 직원과 간호사들의 가슴에도 노란빛 리본이 꽂혀 있었다. 궁금해서 그 연유를 묻는 큰언니에게 슬픈 뉴스의 대강을 말씀드렸더니, 혀를 끌끌 차며 "병든 늙은이가 먼저 가야지, 피어보지도 못한 꽃봉오리들이…." 말끝을 흐리며 침대 머리의 손자 손녀 사진을 애틋한 눈빛으로 바라보신다.

큰언니가 요양원으로 들어가시기 전, 우리는 근 육년 가까이 매주 월요일이면 큰언니 댁을 찾았다. 서로가 속마음 툭 터놓고 속살거려도 걸릴 것 없이 편안하던, 그 따스한 처소와도 어김없이 이별을 고해야만 했다.

깊은 슬픔 속에 사월이 가고 초록빛 오월을 맞았지만, 남은 실종자를 기다리는 팽목항 뉴스는 여전히 가슴을 친다. 왠지, 큰언니의 기력도 하루가 다르게 쇠잔해져, 그만 떠나려고 작심한 사람처럼 영양주사도 물 한 모금조차도 싫다고 고개를 흔드신다. 세월호의 가슴 아픈 소식이 언니에게도 큰 충격이 된 것일까.

다시 언니를 뵈러가기 사흘 전, 나는 서울시청 광장의 세월호 희생자 합동 분향소를 찾았다. 금방 소나기가 쏟아질 듯 먹구름이 몰려드는데도 긴 행렬은 흩어짐이 없었다. 얼마를 기다려서야 8명이 한조가 되어 희생자들 영전에 흰 국화를 올리고, 엄숙한 묵념을 드린다. 간간이 들리는 훌쩍임, 수북이 쌓인 하얀 국화는 슬픔이었다. 광장 곳곳의 나무와 줄에 매달린 노란 리본들이 슬픈 나비 떼처럼 팔랑인다. 여기저기 세운 나무판과

늘어뜨린 줄엔 색색의 종이에 쓰인 글이 주렁주렁 달렸다. 즉석 그림과 만들기로, 또는 음악으로도 저마다의 심정을 표현하고 있었다. 원망, 분노, 증오, 기원, 얽힌 사건의 뿌리만큼이나 복잡한 생각들의 표출이 낙엽처럼 수북이 쌓였는데, "미안합니다. 용서하십시오." "우리 어른들의 책임입니다." "잊지 않겠습니다." "좋은 곳에서 영원한 안식을…." 절절한 글귀들에 같은 심정이 되어 눈시울이 후끈해진다. 행여, 내가 그 세월호의 도망친 선장은 아닐는지 매순간 성찰하며 살아갈 일이다.

오월의 첫 월요일, 나는 분향소에서 구한 노란 리본을 반월역 앞의 그 벚나무에 매달며, 큰언니의 빠른 회복과 세월호 실종자들의 무사 귀환을 빌었다. 하지만 큰언니는 오월 셋째 월요일의 만남을 끝으로, 넝쿨장미 빨갛게 피어오른 창가에서 89세의 생을 마감하셨다. 언제나 남에게 못다 주어 애태우시던 언니. 일찍이 유언하신 대로, 언니의 시신은 Y의과대학의 해부학교실에 기증되었다. 지금쯤, 큰언니의 영혼은 저 본향에서 슬픔 많은 이 땅을 굽어보며 기도하고 계실까.

세월호의 슬픔 속에서도 세월은 무심히 흘러, 아침저녁 차가운 바람결에 풀벌레 소리가 애잔하다. 나이 드신 언니와의 이별도 이렇듯 그리움 사무치거늘, 생때같은 아이를 잃고 가슴 찢어지는 아픔 속에 살아가야하는 젊은 엄마 아빠의 심정은 오죽할까. 아직도 열 명의 실종자가 어둔 바다 속에 남아 있어, 시신만이라도 따스한 곳에 안장시키고 싶다는 부모들의 애절한 소원은 언제쯤 이뤄질는지. 그들 가족은 눈물 흘릴 기력조차 없이 통곡의 항구에서 그 바다를 바라보고만 있다. 세상에서 잊혀질까, 수색이 멈추진 않을까, 피가 마르는 가족들이다. 통역관, 디자이너, 운동선수, 예술가 등등, 품은 꿈 펴보지도 못하고 져버린 꽃송이들, 제자 먼저 구하려던 스승, 결혼 앞둔 연인, 친구를, 어린이를 먼저 구하려다 희생된 고귀한 이들…. 전해지는 사연마다 가슴 먹먹하게 한다.

사람들은 간절한 기도의 마음으로 노란 리본을 매단다. 지금도 눈물의 팽목항엔 수천의 긴 리본이 세찬 바다바람에 애절하게 나부끼고 있다. 가시관 쓰신 예수그리스도 상을 노란 리본으로 조성해 놓기도 했다. 눈물 그득해 보이는 자비의 모습으로 "지금은 회개할 때다."라고 목청껏 외치는 것만 같다.

슬프고 소란스럽던 이 해도 서서히 끝자락으로 치닫고 있다. 진정, 귀한 생명들의 희생이 헛되지 않도록, 모두가 자숙하고 새로워져야 할 때다. 애도의 마음 담아 이 강토 곳곳에 매달리고, 민족의 옷깃에 꽂힌 노란 리본. 이제는 가슴 안으로 옮겨 달아 거룩한 기도로 승화 시키고, 힘찬 일상을 되찾았으면 하는 바람이다.

(2014)

사랑하는 벗 단향에게

단향(丹香)! 이 아름다운 네 호칭을 설마 잊진 않았겠지.

거짓말처럼 우리들의 세월은 흘러, 단풍물이 들어도 한참 짙게 든 나이가 되었으니 말이야. 어젯밤 전화 통화 중에 넌 자꾸만 목소리 크게 하라고 날 채근했지. 겨울에 따듯한 방에서 차 마시며 만나자던 약속은 이래저래 봄으로 미루었는데, 그 봄도 훽 지나 여름의 초입에 들어섰구나. 너는 방에서 넘어진 몸이 아직도 쾌치 않다며, 당뇨, 고혈압 약 등 몇 가지를 복용한다고 했어. 그렇게도 예쁘고 시심 넘치던 네가 이런저런 병치레로 재능을 다 꽃피우지 못하는 게 안타깝고 마음 아프다.

여고 시절, 너랑 영이랑 우리 셋은 시내에서 몇 개월 동안 함께 자취를 한 일이 있었지. 그때 우린 이름에 멋을 부려 향기향(香) 자를 넣고 너는 단향(丹香), 영은 죽향(竹香), 나는 송향(松香)이란 별칭으로 한동안은 우리끼리 그렇게 부르며 편지도 오갔었는데. 밤엔 각자의 일기를 읽어주면서 서로의 마음 툭 트고 나름대로의 고뇌를 토로했었지.

문학소녀 티 잔뜩 내며 『님의 침묵』 『젊은 베르텔의 슬픔』 따위의 시집 끼고 교정 클로버 잔디 위에서 미래를 속삭이기도 하고, 가정시간에 만든 하얀 지지미에 빨강 물방울무늬 원피스를 입어보며 여름방학 때 물놀이가자 마음 잔뜩 부풀리고는 무슨 일로 못가고 말았어. 그 분풀이였을까. 별 배짱도 없는, 그저 평범한 모범생이던 우리는 다음해 봄날의 체육시간을 틈타, 학교 뒤쪽 울타리 구멍으로 살짝 빠져나가서 원불교당 정원 속으로 숨어들었지. 아, 그 따스한 봄볕아래 청초한 붓꽃이며 하얀 수국, 빨간 작약의 고운 자태는 우리들의 감성을 한층 고조시켰어. 꽃들을 배경으로 온갖 포즈를 취하면서 필름 한 통 24장을 다 찍어댔지. 그 자그만 카메라 사진들은 세월 속에 어디로 사라지고, 빛바랜 몇 장이 용케 남아, 아련한 그리움으로 그 시절을 추억하게 하는구나.

고 2때 너와 나는 짝꿍. 너의 필체는 어쩜 그리 세련되고 멋있던지 네 노트를 볼 적마다 샘이 났어. 너의 자작시 '사슴'을 읽고 깊은 시심과 정감어린 시어에 반해 훗날 큰 시인이 될 거란 생각이 들었어. 교지에 발표된 너의 글은 학우들의 부러움이었거든. 나는 네 글이 좋아서 너와 영원한 친구를 맺겠다고 마음먹었단다. 미숙한 생각에도 글은 지은이의 내면이라 여겼기에. 마음이 맞는 너와 짝이 된 그 해는 내내 행복했다.

또 잊을 수 없는 한 가지, 네가 도시락 찬으로 싸온 쇠고기 장조림은 지금도 나의 혀끝에서 맴도는 미각이란다. 농촌에서 대가족이 웅성대는 우리 집과 달리, 함열 너의 집엔 면장이신 부친과 서울법대를 졸업한 오빠, 그리고 음식 솜씨 좋으신 어머니, 단출하고 조용한 환경이 퍽 좋아 보였어. 하지만, 넌 우리 가족이 부럽다 했으니, 가까이 있는 행복의 파랑새는 잘들 못 보고 사는 것 같아.

너와 영은 기차로, 나는 들길을 걸어 통학하면서도 틈을 내어 우리는 서로의 집을 오가며 밤을 지새우기도 했어. 무슨 할 얘기가 그리도 많았던지 소곤대느라 잠을 설쳤지. 큰 무쇠솥에 밥을 하고 양은 들통에 찌개를 끓이는 소박한 우리 밥상만 보다가, 정갈하고 맛깔스런 너의 집 식탁을 대하면 얼마나 고급스럽던지. 빛깔고운 포기김치, 노릿한 굴비구이, 실고추 파 송송 고명올린 계란찜, 쪽쪽 결대로 찢은 쇠고기 장조림, 참기름 냄새 고소한 여러 푸새나물. 딸의 친구라면 끔찍이 반겨주시던 부모님이 세상 뜬 지도 오랜 세월이 지났구나. 이젠 우리가 그분들 나이를 웃돌고 있으니….

인연의 짝을 만나 서로의 가정을 이루고, 열심히 아이들 양육하고, 때때로 육신의 병마에 시달리기도 했지만, 우리 용케 잘 이겨내고 예까지 왔구나. 너의 시적 재능을 꽃피우지 못한 게 못내 아쉬워서 이제라도 남은 불씨 일궈보라 하지만 너는 말없이 웃는구나. 같은 하늘 아래서 전화로나마 목소리 들을 수 있음에 감사하면서도, 직접 만나 이야기 나누고 싶고, 보고 싶다. 무엇보다도 네 건강이 완전 회복되길 간구하련다. 가을엔 우리들 꼭 만나 많은 이야기 나누자.

사랑하는 벗 단향, 살아간다는 것은 누군가와 손을 잡는 것이라 했지. 우리 잡은 손의 온기 식지 않도록 마음 더욱 가까이하자구나. 이제, 이 땅의 우리 생이 뉘엿뉘엿 저물어가는 황혼녘. 하루하루를 최후의 날로 여기고 최선을 다하며 살아가자.

(2017. 여름)

소년이 왔다

황혼빛으로 물드는 내 삶의 뒤안길에 소년이 왔다.

50여 년 세월 저쪽, 그 교정 풀숲의 달개비꽃빛 추억을 한 아름 안고 그리움으로 왔다. 설렘의 시(詩)가 되어 찾아왔다. 가을 나이 된 애틋한 소년 셋이 옛 스승을 잊지 않고 꿈길처럼 찾아왔다. 메마른 내 삶을 촉촉이 적셔주는 은총으로 다가왔다.

2016년 9월은 하순인데도 여름의 열기가 물러서지 않고 남아 있었다. 나는 검정 민소매 원피스에 진주황색 반팔 재킷을 걸치고, 두 줄 박이 하얀 진주목걸이도 해보았다. 긴 세월에 할퀸 자국이야 어쩔 수 없지만, 마음만은 파랗게 세월을 비켜 가고 있었다.

그날 황혼 무렵, 친정 조카 균이 일러준 대로 S동의 약속 장소로 찾아갔다. 좀 긴장되고 설레는 마음으로 조심스레 음식점 문을 열었다. 미리 와서 기다리고 있던 듬직한 세 남자가 환하게 웃으며 반긴다. 이 만남을 주선한 균도 함께했다. 훈과 용 그리고 규. 이들은 꿈이 많고 반짝이던 소년들이었다. 감격의 만남이다. 거짓처럼 6~70고개에 이른 우리는 어느 사이에 이렇게나 빨리, 이렇게나 무참히 흘러버린 세월을 실감하면서도 마음은 25세의 여선생과 15세 소년으로 돌아가 있다. 파란 추억의 무게가 너무 커서 우리는 저절로 옛 이야기 속으로 흘러든다.

백제의 고도 금마, 그곳엔 남녀 500여 명의 아담한 사립 중학교가 있었다. 16년의 학창생활을 마치고 내가 사회에 첫 발걸음을 디딘 곳이다. 나이 지긋한 교장선생과 중년인 15명의 교사들 속에 나는 유일한 여선생이었다. 영어 과목에 호기심이 많은 신입생들은 새로 부임한 여선생에게 관심이 많았다. 긴 머리 나풀대는 앳된 영어선생을 누나처럼 언니처럼 따랐다. 방과 후엔 맑은 호수가 굽어보이는 학교 뒷산을 그들과 함께 오르곤 했다. 송홧가루 날리는 소나무 밑에서 함께 책도 읽고, 산딸기도 땄다. 별처럼 눈이 반짝이던 훈은 삼년 내내 반장을 도맡았다. 근동에선 유수한 가정의 쌍둥이 형제였던 귀염둥이 용, 말이 별로 없으면서도 가끔 시를 써서 보여주던 규. 그들과의 정이 깊어질 즈음 나는 결혼을 하게 되었다. 훌쩍 자란 그들이 졸업하고 떠나던 그 봄, 나도 삼년 정든 그 교정을 떠나왔다. 그리고는 서로의 생활에 매여 소식이 끊긴 채 세월은 거침없이 흘렀다.

이젠 할아버지가 된 그들도 스스럼없이 옛이야길 쏟아낸다. 사춘기의 연정 속에 그들이 다투어 연애 쪽지를 보냈다던 예쁜 옥이. 그는 원치 않은 결혼 후 병이 들어 세상을 떴단다. 키 작은 모범생 식이도 일찍이 가고, 그 시절의 교사들 대부분도 고인이 되었다는 소식이다. 내가 세 아이의 엄마 되어 공무원인 남편 따라 상경했을 때, 세 소년들은 익산의 명문인 N고교로 진학하여 학업에 열중하던 시기였다.

서로의 지나온 날들을 한창 주고받던 중에 규가 일어섰다. 그는 이 만남을 위하여 익산에서 급히 올라왔다가 그 밤에 내려갔다. 규는 헤어진 지 반세기 넘은 첫 만남이고, 훈과 용은 규보다 10여 년 앞서 극적으로 상봉을 했었다.

끊길 듯 이어진 옛 소년들과의 만남은 기쁨이요 감사다. 한때 소중하던 사람도 짧은 인연으로 멀어지는 일이 얼마나 많은가. 훈과 용은 나와 같은 서울에 살았으면서도 캄캄하게 모르다가 조카로 인해 우연히 만나게 되었다. 자기들이 그토록 만나고 싶던 여선생이 고교 친구 균의 고모라는 걸 알고는 곧장 전화 연락이 되었다. 헤어진 지 40여 년 만의 꿈같은 해후였다.

2004년 5월 스승의 날 즈음의 어느 토요일 석양이었다. 서울 랜드 근처 야경이 아름다운 한식집 '장미언덕'엔 재경 20여 명의 옛 제자들이 꽃다발과 푸짐한 식사를 준비해놓고 있었다.

훈과 용이 연락하여 마련한 자리였다. 마침 나의 첫 수필집『햇볕 노래하는 풀꽃』이 출간된 직후였기에, 잊힌 이름 되물어 가며 꾹꾹 눌러쓰고 나의 사인을 해서 그들 모두에게 나누어 주었다. 50대의 그들은 몸도 말씨도 걸쭉해진 중년의 아줌마와 아저씨들이 되어, 자녀들 혼사며 직장 일에 한창 바쁠 때였다.

그 만남을 계기로, 훈과 용은 꾸준히 연락이 닿았다. 그들은 차츰 직장도 퇴임을 하게 되어 시간의 여유도 생겼다. 어느 늦봄의 나들이 후, 용은 자기 집 정원의 장미가 곱다며 같이 가자고 했다. 아담한 그의 주택, 뜰에 핀 빨강 노랑 장미는 고혹적인 향기를 쏟아내고 있었다. 그의 아내는 근무 중이었고, 결혼을 앞둔 예쁜 딸이 차를 대접했다. 보고 싶던 그의 쌍둥이 형은 대전에 산다고 했다. 그리고 또 몇 년이 흘렀던가. 그 귀엽던 쌍둥이 형이 교통사고로 세상을 떴다는 비보를 접한 얼마 후, 용의 아내도 갑자기 별세했다는 슬픈 소식을 듣게 되었다. 다감한 성품의 용이 얼마나 고독하고 마음 아플까 싶어 빨리 좋은 사람 만나길 기도했다. 한 이태 쯤 지난 어느 날, 나는 용의 재혼 청첩장을 받았다. 맘껏 축하해주고 싶었다. 곧장 S 성당의 혼례식장으로 찾아가니, 용의 곁에서 단아한 신부가 정중하게 인사를 한다. 양쪽의 자녀들도 부모의 재혼을 아낌없이 축하해주는 모습이 흐뭇하고 든든했다. 용은 지금 행복하게 살고 있다.

훈과 용은 나의 고희연에도 함께 찾아와 학창 시절 영어 시간의 일화를 입담 좋게 늘어놓아 친지들을 웃겼다. 그 내용인즉, 갓 부임한 여선생을 테스트하려고 개구쟁이들은 "어금니가 영어로 무어냐?"고 물었다. 좀 당황한 선생이 "몰라."라고 우물거려 자기들의 승리로 우쭐했지만, 운이 좋게도 어금니의 영어도 '몰라(molar)'임을 알아낸 선생이 칠판에 크게 그 단어를 적어놓아 저희가 판정패를 당했다는 이야기다. 그 일은 지금도 미소를 머금게 한다. 훈과 용은 나의 남편 장례 때도 찾아와 정중한 조의를 표해 주었다. 아득히 흘러간 시절의 스승을 때마다 찾아준다는 게 쉬운 일은 아니라고 생각된다. 감사할 따름이다.

어느 날 익산의 규에게서 전화가 걸려왔다. 종교, 특히 기독교의 독선적인 면을 연구 비판한 책 발간에 앞서, 그 원고를 이메일로 보내니 읽고 조언을 해달라는 부탁이다. 경제학 박사인 그는 인문학적인 여러 방면에도 박식하여, 전공인 경제서적 외에도 여러 권의 책을 냈다. 나는 앞서 그의 저서 『생과 사를 넘나드는 사람들』을 읽고 그의 특별한 영적 체험을 감지했었다. 현직 경제학 교수의 특별한 영적 체험은 MBC 등 여러 방송 매체에도 출연하여 화제가 되었다. 그의 아내도 독실한 개신교 신자요, 또한 내가 기독교인임을 알기에 그는 조심스레 독후감을 물었다. 책 한 권 분량의 이메일 원고를 모두 읽고서 내 나름의 느낌을 말해주었다. 책 제목도 함께 생각해 보았다. 별로 아는 것 없는 노령의 스승을 외면하지 않고 의견을 물어준 규가 고마웠다.

2016년 늦가을, 나의 카카오 톡에 훈의 이름이 떴다. 반가웠다. 지난 번 만났을 때 찍은 네 컷의 사진이 올려 있었다. 금방 추억이 되어버린 그 사진을 보고 또 보았다. 이젠 함께 늙어가는 모습들이다. 그 후로 훈과는 카톡 친구가 되었다.

어느 날 훈이 보낸 동영상을 열자, 베이스 톤의 잔잔한 선율이 가슴 울컥케 하는 노랫말과 함께 흘러나왔다. '정말 감사해요/ 당신의 그 큰 사랑/ 날 위해 애쓰신 그 사랑 난 이제 알아요' 계속 이어지던 가사는 '행복 하세요/ 당신 위해서 나 항상 기도 할게요/ 당신 앞날에 축복 있기를….'로 끝나는 노래에 눈시울이 후끈했다. 훈의 카톡은 계절과 절기, 요일 따라 영상, 동영상, 사진 등이 때에 맞는 글과 함께 올라온다. '카톡 카톡' 경쾌한 울림은 훈의 이름을 확인하면서 기쁨이 된다. 그의 아내는 90넘은 병약한 시모를 정성스레 돌보고 섬겨, 지난해 개천절에 효부 표창을 받았다. 훈은 아내가 표창장 받는 사진도 보내줬다. 부덕해 보이는 인상이다. 나는 즉시 축하의 말과 아름다운 꽃다발을 훈의 카톡에 올렸다. 때로는 글로 쓰기도 하고, 여행 중의 사진, 계절 따른 시와 가곡도 훈에게 보낸다. 더러는 인생의 동반자로, 때론 누나 같은 마음으로, 또는 옛 스승과 제자로 돌아가기도 한다. 훈은 항상 내게 존댓말을 쓰지만, 나는 기분에 따라 해라도 하고 반말도 쓰고 깍듯한 존대어로 글을 보내기도 한다. 다채로운 감정이다. 우린 그렇게 서로의 건강, 기쁨과 감사, 평안과 행복을 빌어준다. 매일 밤 휴대폰을 충전하면서 나는 젊음과 희망도 충전시킨다. 다음날의 설렘과 기대를 안고서….

옛 소년들을 만나면서 내 마음도 옛 교정 풀숲의 달개비꽃빛으로 파랗게 물드는 것만 같다. 기쁘고 생기롭다. 내 삶의 뒤안길에 찾아와준 그들은 메마른 나의 삶을 촉촉하게 적셔주려 하늘이 내린 선물이다. 그렇다. 이 은혜 감사하며 남은 세월보다 밝고 따뜻하게 살아가리라. (2016)

별마당도서관

지난 6월 말, 스타필드 코엑스몰에 들렀다. 건물 3층 D홀에서 '2017. 조형 아트 서울 전'이 열리고 있어, 홍대 출신 글벗의 서양화 4점도 전시되었기에 보러 가던 길이었다.

나는 자석에 끌린 듯 '별마당도서관'이라 쓰인 기둥 앞에서 발걸음이 멈추었다. 울타리 없는 공간에 수많은 책들이 진열되어 시선을 끌었다. 책이라면 무엇에 홀린 듯 마음 빼앗기는 나. 스타필드 중심에 '책'을 매개로 열린 도서관이 자리했다는 게 신선했다. 정녕, 그곳은 또 다른 세상으로 통하는 문이었다.

층층으로 진열된 책 높이를 올려다보려고 한껏 고개를 젖혔다. 투명판으로 된 천장 너머로 파란 하늘과 흰 구름이 흐른다. 밤이면 무수한 별빛도 쏟아지겠다. 아, 그래 '별마당도서관'이로구나. 이 도서관은 지난 5월 말에 개장되었으니, 태어난 지 딱 한 달이다. 모든 사람이 무료로 책을 읽을 수 있다.

도서관이 있는 쇼핑몰이라! '사람을 중시하는 기업철학을 바탕으로 지식향연이라는 인문학 프로젝트를 전개하여 풍요로운 삶의 뿌리가 되는 인문학의 즐거움을 일상 속에서 교감하기 위한 일환으로 시작되었다'는 설명이다. 바쁜 도시의 삶에 지친 우리 영혼을 시처럼, 음악처럼 그윽이 적셔 주려나. 주된 목적은 새로운 복합문화 공간으로, 상업적 이익이 상승되길 원함이라 해도 참신하고 기발한 발상이다.

이 도서관은 센트럴플라자 심장부에 약 850평 복층으로 구성되었다. 13m 높이 서가의 은은한 불빛이 공간 전체를 부드럽게 감싼다. 다양한 테이블에 노트북 작업이 가능한 공간으로 디자인되었다. 별마당에선 책을 읽어도, 굳이 읽지 않아도 좋다. 독서를 통한 사색과 여유는 물론, 누군가를 만나고 기다리는 약속의 장소로 더 많이 이용되는 것 같다. 삶을 충전하는 비움과 기다림의 장소다.

매월 11일은 '책 나눔의 날'로 자기 집의 필요 없는 책을 접수데스크로 가져가 기증하면 다른 이가 즐겨 읽을 수 있을 게다. 특별 이벤트로는 작가 토크쇼와 시 낭송회, 명사 초청 강연회 및 음악이 함께하는 북 콘서트 등, 책을 통한 다채로운 문화행사가 열린다. 책을 주제로 소통하는 문화공간으로서, 별을 품고 책을 펴는 지적인 유희, 낭만의 휴식을 주는 매력 있는 마당이다.

많은 행인과 청춘들이 책 앞과 옆에서 손에 든 스마트폰에 더 애착을 갖고 시선 집중하여 손놀림을 하고 있다. 수만의 책들이 자기 좀 읽어달라고 아우성치는 것 같다. 거기 책들은 왠지 좀 외롭고 쓸쓸해 보인다. 인생은 한 권의 책에 흡사하다고 했던가. 좋은 책이든 나쁜 책이든 지은이 내면의 표출이라 생각하면 책은 즉 사람이다. 공짜로 읽으라는 수만의 책이 오가는 이를 부르고 있다. 나는 손에 닿는 두툼한 책 한 권 빼어들고 서가를 배경으로 친구의 카메라 앞에서 사진을 찍고, 가던 길을 재촉했다. 다음에 시간을 내어 찾으마고 속으로 인사를 했다. '별마당도서관은' 그저 빙그레 웃기만 한다.

'책이 없는 공허는 영혼이 없는 관계와 같다'라고 한 M.T. 키케로의 말을 생각해 본다. 책은 있어도 읽는 이 별로 없는 별마당. 하지만, 여기 스타필드 코엑스몰이 그 중심에 '별마당도서관'을 품은 건 그의 격을 한층 높인 것만으로도 잘한 일이라 생각된다. (2017)

발문

金貞義님 수필의 토양

김인자

(서예가 · 전 고교 국어교사)

김정의 님 두 번째 수필집 「노을빛에 익어가는 열매」의 상재를 진심으로 축하드린다. 앞서, 2004년도에 발간된 저자의 첫 수필집 「햇빛 노래하는 풀꽃」의 책머리엔 전북대학교 명예교수이신 최승범 문학박사님(현 고하문학관장)께서 '마음밭, 그 시적 산문'이란 제목으로 저자의 작품성과 가정에 대해서 언급하신 바 있다. 시조시인이신 최 교수님은 저자의 둘째 오라버니 되는 고 김준영 교수님과는 같은 국문학 선후배 교수로서 친분이 두터우셨다. 굳이 내가 이 발문을 쓰고자 한 것은 나의 친정 막내고모되시는 김정의님의 작품이 뿌리내린 수필의 토양을 혈연의 시선으로 살펴보고자 함이다.

저자가 첫 수필집 중 「친정」에서 '언제 찾아도 매양 아늑하고 편안한 옛 둥지'라 운을 뗀 그곳. '이 터에는 항시 착하고 어진 기운이 스며 있었을까. 큰 우환도 비껴가고 어려운 시절도 잘 견뎌냈으니….'라 담담히 회고한 그곳은 저자의 증조부 때부터 대대로 살아온 '팔봉면 임상리 149번지'. 필자는 막내고모님보다 16세 손아래지만 뒤를 이어 그 터에서 낳고 자랐기에 많은 것을 소상하게 느끼고 보아왔다.

넓은 앞마당을 품은 고색 짙은 청기와 집, 그곳은 한낮 햇살을 배부르게 삼킬 만큼 따뜻했다. 집 뒤편은 무성한 대나무 숲 그림자가 짙고, 대숲 뒷길로 돌아나가면 원댕이골 들녘과 야트막한 동산이 있다. 이번 수필집의 「원댕이골의 소녀들」에도 그 정경이 잘 나타나있다.

저자인 막내고모님의 수필을 읽다보면 그 공간과 시간에서 파생된 숨어있던 일화들이 죽순처럼 삐죽삐죽 돋아나고, 때론 실타래처럼 줄줄 풀어져 나오기도 한다. 내가 태어나기 전 이야기가 나올 때면 이루 말할 수 없이 흥미롭기도 하다.

저자의 수필작품 토양을 이야기하려면 그곳, 그 시간을 공유했던 가족들의 이야길 하지 않을 수 없다. 저자는 그들 사이에서 뿌리를 내리고 자양분을 얻어 꽃을 피워냈고, 그곳에서 핀 꽃들은 서로가 정서적 유사성을 공유하고 있다고 생각하기 때문이다.

저자는 부친 김춘갑(호 국헌)님과 모친 황희녀님 사이의 삼남 삼녀 중 막내로 태어났다. 국헌께선 젊은 날엔 농부로, 중년 이후엔 한학자로서 육영사업에도 열정을 쏟으셨다. 해방 직후, 근동 유지들과 건립 기금을 모아 삼성초등학교를 세우고 이사장으로서 애쓰셨다. 눈비 맞으며 먼 길을 등하교하던 막내고모는 부친이 세운 학교로 4학년 때 옮겨와 그 학교 제1회 졸업생이 된다. 특히 5, 6학년 때의 담임 조동소 선생의 인격에 감화 받아 저자도 교회에 나가기 시작한다. 유학자였던 조부께선 교회 목사님이 심방 오시면 스스럼없이 성경에 관한 진리말씀을 나누셨다. 저자의 작품 속에 성경구절이 인용되고 기독교 정신이 녹아있는 건, 훗날 목사와 선교사가 되신 조동소 담임의 영향이었음을 첫 수필집 중 「믿음의 그루터기」에서 볼 수 있다.

국헌께선 종교뿐 아니라 그분의 인생철학 자체가 폭이 넓고 박애정신이 깃들어 있었다. 손에 지구본을 들고 우주가 손안에 있다며 자손들에게 좌우명처럼 '훨씬 크거라. 커야한다'는 말씀을 들려주시곤 했다. 꿈도 사람 됨됨이도 커야 한다는 강조셨다. 이번 수필집의 「지구, 그 소중한 초록별」에도 나타나 있다.

국헌의 만년에 쓰신 「제주 관광기」는 섬세한 관찰력과 서정성 깃든 문체가 인상적이다. 저자의 문학적 재능은 선친에게서 물려받은 듯하다. 나의 숙부님이신 김준영님의 문학 선배이신 신석정 시인은 종종 약주 병을 들고 찾아오셔서 조부님과 밤 깊도록 담소를 나누곤 하셨다. 훗날 국문학도가 된 나는 석정님의 초기 시집 『빙하』에 「국헌님께」라는 시 중 '唐詩와 우리의 새로운 시를 알아주어 좋습디다'란 구절을 읽으며 조부님은 현대시에도 감각이 있었음을 알게 되었다.

저자의 모친이신 나의 조모님은 항시 부지런하셨고, 감성이 풍부하여 늘 보는 사계의 자연에도 감탄을 아끼지 않으셨다. 저자의 첫 수필집 속 '언제 또 올래'엔 어머니에 대한 정이 아리도록 드러나 있다. 저자의 글 속에서 짙은 감성의 물결을 만나는 것은 모친의 성정에서 비롯된 것이라 짐작된다. 저자의 세 오라버님과 두 언니들도 하나같이 성실 근면한 성품은 물론, 문학적 감성이 특출하여 유난히 책을 가까이 하고 사셨다.

나의 선친이신 저자의 큰오라버니 송산 김옥영님은 저자와는 스무 살의 나이 차가 있어 거의 아버지뻘이다. 그래서 나의 형제들은 저자인 막내고모와 또래가 되어 자랐기에 때로는 형제처럼 느껴진다. 송산께선 14세 때 부친이 누런 공책 한 권을 매어주며 일기 쓰기를 권하자, 91세로 돌아가시는 병상에서까지 77년 동안 하루도 빠짐없이 일기를 쓰셨다. 1990년 어느 지인이 그 일기장에 감탄하여 방송국에 알렸고, 서울 KBS방송국에 초대되어 당시 60권의 일기장을 싣고 올라와 김동건 아나운서가 진행하는 '11시에 만납시다' 프로에서 1시간 동안의 대담을 통해 세상에 알려진 바 있다. 그 일기는 개인과 가족사를 넘어 이웃과 마을, 조국의 시대상까지도 낱낱이 기술되어, 찬사와 박수를 받았다. 첫 수필집의 「오라버니의 일기」와 제2 수필집의 「침묵 속의 고향집」엔 유품을 바라보는 저자의 심경이 잘 드러나 있다.

저자의 둘째 오라버니 일산 김준영님은 고전문학자로서 「향가상해」 「국어국문학 논고」 「한국 고소설론」 등, 고전 문학과 관련된 논문과 다수의 저서들을 남기셨다. 2015년 96세로 돌아가시기 몇 해 전에 마지막 역작으로 남기신 「설화가 따르는 우리 익은말 사전」은 국문학도들이 애독하는 책으로 전국 도서관에 소장되어 있다. 말수는 적으셔도 때때로 파격적인 해학을 보이곤 하셨다.

저자의 두 언니들 이야기도 빼놓을 수가 없다. 저자와 띠 동갑인 큰고모님, 9세 손위인 작은 고모님, 이들 세 자매의 우애는 샘이 날 정도로 각별했다. 독서량이 풍부한 고모님들은 황혼기 10여 년 동안은 매주 한 번씩 만나 정치, 경제, 문화, 고향 이야기 등, 다채로운 대화를 나누며 행복한 시간을 가지셨다. 그 정경은 '황혼, 그 은총의 시간에' 수필 속에 정감 있게 그려져 있다. 세 고모님 모두 기독교인으로서 자필로 필사하신 신구약 66권은 책으로 묶어 가보로 남겨졌다. 누구보다도 막내 동생의 글을 사랑하고 애독하셨던 두 분 고모님은 노환으로 2014년, 2016년 봄에 앞서거니 뒤서거니 하늘나라로 가셨다. 글 읽고 쓰기를 좋아하셨던 두 고모님들도 매일의 일기를 빼놓지 않고 쓰셨으며, 둘째 고모님이 편찮으셨을 때 내가 보내드린 문안 편지에 답을 주셨던 구절이 기억에 생생하다. '내가 회복이 된다면 돌아오는 봄날 이곳 산골짜기 단양으로 초대하고 싶네. 이 음산한 겨울이 얼른 가버렸으면 좋겠어. 집 앞 밭을 보면 고향이 연상되고, 뻐꾸기 우는 봄날을 기다리며 아픔의 고통을 참고 사네.' 저자의 글 '편지가 되었으면'에도 그 분이 돌아가시기 전까지 자매분이 주고받은 편지의 이야기가 실려 있다.

저자는 특히 4살 손위 막내오빠에 대한 그리움이 사무쳤다. 야망도 크고 꿈도 많았던 막내 숙부님은 안타깝게도 그 포부를 다 펼치지 못하고 중년에 병환으로 돌아가셨다. 따뜻한 인품과 포용력 있는 리더십으로 집안의 유망주였던 막내숙부님은 역사학자 토인비의 가족화목 사상을 자주 열거하셨다. 지금도 집안 행사 때면 숙부님 추억을 더듬곤 한다. 저자의 첫 수필집 속 '주인 없는 문패'엔 막내오빠에 대한 절절한 사연이 담겨 있으며, 그 글이 등단작품이기도 하다.

나는 고모님이 글을 쓰지 않을 수 없는 토양을 저자의 부모형제를 통해 살펴보았다. 그리고 고향의 산야도 생각해 보았다. 이 강토 어디서나 접할 수 있는 평범한 농촌이지만, 그의 감성엔 조상의 피와 땀 배인 고향의 햇볕과 풀꽃, 아침저녁의 노을, 익어가는 열매, 풀벌레 울음과 새소리, 이 모든 것이 그저 경이롭고 아름다웠을 것이다.

육남매의 막내딸로 사랑을 듬뿍 받고 자라온 저자는 결혼 생활도 평탄하고 화목했다. 둘째 숙부님이 교수로 계신 전북대학교에서 영문학을 전공한 저자는 같은 학교 법학전공의 2살 위 윤광윤님과 결혼하여 1남 2녀를 두었다.

고모부님은 38년 동안 공직에서 근무하고 정년퇴임하셨다. 합리적이고 성실한 성품으로 낚시, 골프, 테니스, 바둑 등, 다양한 취미를 지녔으며 퇴임 후엔 특히 가곡 부르기에 열심이셨다. 고모부님께선 아내의 글쓰기를 아낌없이 지원하셨으며, 두 분 모두 여행을 좋아하셔서 해외여행도 많이 다니셨다. 내외분이 결혼 50주년을 맞는 금혼 무렵, 평소 건강하셨던 고모부께서 위암 발병으로 2015년에 별세하셨다. 이번 수필집의 「노목의 치유」에 남편을 간호할 때의 심경이 잘 드러나 있다.

저자의 장남 기현은 연세대학교 졸업 후, 인턴 마치고 군의관 근무 시 국제의사고시에 합격하여 자력으로 미국에 건너가, 지금은 예일대학교 의과대학 신경정신과 교수로 재직 중이다. 매주 토요일 아침이면 빠짐없이 어머니께 전화하는 효자로, 모친 80회 생신엔 대서양 크루즈를 선물해 드렸다. 이번 수필집의 「선실 창가에서」가 그때 이야기다. 저자는 중학생이 된 손자와의 한때를 「예기치 않은 동거」에 담고 있다.

피아노를 전공한 장녀 미혜, 그들 가족은 캐나다로 이민 가서 토론토에 산다. 미혜는 주부로서 York 대학에서 사회학 우수학사학위 졸업자가 되어 토론토 신문에 기사가 실리기도 했다. 딸, 아들 남매가 맥길대학교와 워터루 공대에서 수학중이다. 큰딸네 가족과의 이야길 '브라이언 호수공원의 추억'에 담아 놓았다.

영미문학 번역가인 막내딸 미성은 여러 권의 번역서로 이름을 알리고 있다. 그의 두 딸이 미국에 유학하여 장녀는 올해 휴스턴 대학교 졸업하고, 둘째는 컬럼비아대학교 재학 중이다.

저자의 다섯 손주들은 그들 부모의 훌륭한 성품과 재능을 이어받아 희망차게 전진하고 있다. 서울에 사는 미성은 어머니 모시고 가끔 여행을 떠난다. 수필 「딸과 함께 3박 4일」은 막내딸과 다녀온 일본 여행기이다.

또 하나 빼놓을 수 없는 건 이번 작품 「시누이의 새싹」을 읽으며 나는 고모님께서 시집 식구들과의 유대가 얼마나 끈끈한지 새삼 고개를 끄덕였다. 고모부님 7남 2녀 형제들 중 둘째 며느리인 저자는 전주에 살던 신혼 초에 큰 시누이와 막내 시동생, 시조카를 데리고 있었다. 첫 수필집의 「복과 시어머니」 「시부모님의 회혼례」엔 시댁의 화목한 가족 관계가 잘 드러나 있다.

저자의 곁에는 그러한 가족들이 있었다. 사랑으로 기억되고, 성실함으로 기억되어지는 사람들…. 나는 고모님의 두 번째 수필집 「노을빛에 익어가는 열매」 원고를 읽어가는 내내 저자의 넓고 깊은 인간관계를 주시하지 않을 수 없었다. 오랜 벗과의 우정에 대한 「구원의 벗」, 「사랑하는 벗 단향」, 50여 년 만에 만난 옛 제자와의 이야기 「소년이 왔다」, 별세한 문우를 그리는 「빈 벽을 남기고」 등등, 그리운 사람들과의 정을 담은 글엔 가슴 찡했다. 그렇다고 정적인 글에만 치우치지 않고 시사성 있는 「메르스 때문에」 세월호 무렵의 「노란 리본」 촛불집회 때의 「어머니의 촛불」 환경 문제를 다룬 「지구, 그 소중한 초록별」 「닭에 대한 생각」 등 다양한 시각으로 쓰인 글도 여러 편이다.

나는 막내고모님의 지나온 날들을 생각해 본다. 아내로, 엄마로서 30대 때의 한 시절 병마도 잘 이겨내고, 별 욕심 부리지 않고 근검절약하며 성실하게 지켜온 가정. 이 모두는 저자가 늘 말하는 하나님의 은총이라고 여겨진다. 저자는 이제 80고개로 올라섰지만, 초롱초롱한 눈빛, 당당한 걸음걸이, 만년소녀 같은 낭만과 싱그러운 감성은 젊었을 때와 별로 다르지 않다. 그 모습 그대로 이 땅에서의 생이 다하는 날까지 더욱 강건하시고, 힘찬 필력으로 좋은 글 많이 보여주시기를 간절히 원한다.

2017년 초가을, 조카